KB176112

별별 일로
—
잘 먹고삽니다

별별 일로 잘 먹고삽니다

꿈업일치를 이뤄 낸 31명의 job톡

초판인쇄 2019년 6월 10일
초판발행 2019년 6월 10일

지은이 강이슬
펴낸이 채종준
기 획 조가연
편 집 박지은
디자인 홍은표
마케팅 문선영

펴낸곳 한국학술정보(주)
주 소 경기도 파주시 회동길 230(문발동)
전 화 031-908-3181(대표)
팩 스 031-908-3189
홈페이지 http://ebook.kstudy.com
E-mail 출판사업부 publish@kstudy.com
등 록 제일산-115호(2000. 6. 19)

ISBN 978-89-268-8820-9 03300

별별 일로
잘 먹고삽니다

꿈업일치를
이뤄 낸
31명의
job톡

강이슬 지음

이담 Books

나를 닮은, 나의 주변을 닮은 모두에게

나 같은 사람이 없길 바라며

스무 살, 순수문학을 꿈꾸며 대학에 입학했다. 그해 겨울방학에 교수님의 추천으로 유명 예능 프로그램에서 아르바이트를 시작하면서 방송가로 흘러 들어갔다. 방송작가가 누군가에겐 꿈 같은 직업일 수도 있겠다는 생각을 어렴풋이 하긴 했지만, 방학에 용돈이나 벌어볼 목적이었던 내겐 곧 그것이 내 삶이 될 거란 생각은 해본 적 없었다. 하지만 수많은 시행착오 끝에 이제는 나의 존재를 확인하는 직업이 되었다.

방송작가를 직업으로 삼겠다는 생각이 없었음에도 모든 분야를 섭렵해야겠다는 욕심에 예능, 쇼양, 교양 등 수많은 분야를 떠돌았다. 그러나 전문직처럼 직업에 대한 가이드가 있는 것도 아니고 미리 익혀야 할 기술 기반도 따로 없어서 나는 방황했고, 그 방황 속에서 방심한 사이 나의 강점은 사라지고 이력서는 망가졌다. 처음으로 되돌아가 다른 직업을 찾기엔 이미 많은 시간이 흐른 뒤였다.

　보통 방송작가는 대본, 섭외, 진행 등으로 프로그램의 밑그림을 만든다고 많이 알려져 있는데, 거기에 광고주의 제품을 노골적으로 드러내지 않고 자연스럽게 광고하는 것도 우리의 몫이었다. 특히 요즘은 이와 같은 제작 협찬(PPL)이 없으면 방송이 완성되기 힘든 구조다. 방송 구조상 협찬이 점점 중요해지면서 방송작가의 일은 TV를 통해 마케팅까지 확장되고 있다는 생각을 하게 되었다. 광고주와의 커뮤니케이션 또한 맡아야 했지만 줄곧 진행해오던 대본 작성과 섭외 스케줄 관리에 비해 미숙한 부분이 많았다. 스스로 전문성을 더하고 싶어 작가생활 5년차에 접어들 즈음 학교에 들어가 경영학을 전공했다. 새로운 학문을 공부하니 그동안 단순히 프로그램의 아이템만 고민하던 것에서 시야가 넓어지는 것을 느꼈다. 꿈도 커져서, 누군가 만든 울타리 안에만 있는 것이 아니라 세상에 나가 내가 좋아하는 분야의 프로그램을 만들어보고 싶다는 소망이 생겼다.

　새로운 견문과 노력을 통해 생긴 자신감은 점차 결실을 맺기 시작했다. 7년차가 되었을 무렵 뷰티 프로그램을 경험하면서 내 몸에 꼭 맞는 옷을 드디어 찾은 것이다. 그때부터 시작된 뷰티 분야에서의 활동이 현재 방송작가로서의 활동뿐 아니라 뷰티와 관련된 방송제작자, 콘텐츠기획자, 콘텐츠플랫폼운영자, 콘텐츠강사 등 다양한 이름을 갖게 해주었다. 매일매일 새로운 직업으로 살아가는 기분을 누리고 있다.

나는 모든 것을 직접 부딪쳐가며 얻어냈고 치열한 10년이 지나서야 깨달았다. 나의 오늘과 내일을 만드는 '직업'은 결코 어렵고 정형화되어 있는 것이 아니라는 것을. 지금 나의 모습에 후회는 없지만 참고할 만한 삶의 표본이나 직업에 대한 다양한 가이드가 있었더라면 어땠을까. 좀 더 나은 삶, 혹은 더 성장한 삶을 살 수 있지 않았을까 하는 아쉬움이 남는다. 그래서 현재 직업을 찾고 있거나 혹은 직업인으로 살아가면서 아직 확신을 갖지 못하고 고민 속에 빠져 있는 사람들이 나와 같은 전철을 밟지 않도록 어떤 '울림'을 주고 싶다.

가장 많이 듣는 소리 '세상엔 먹고살 일이 많지 않아!'

대학생 혹은 중고등학생을 대상으로 직업 특강 강의를 나가서 그들이 털어놓는 장래희망에 대한 고민을 들어보면 놀라지 않을 수 없다.

"할 만한 직업이 별로 없어요."

"오래 먹고살 수 있는 건 공무원뿐이잖아요."

그들에게 좋아하는 일을 직업으로 삼고 정년퇴직의 걱정도 없이 살아가는 주변인들의 이야기를 들려주면 세대를 불문하고 똑같은 반응이 돌아온다.

"설마 진짜 그런 직업이 있어요? 그게 뭔데요?"

좋아하는 일이 직업이 되는 것, 오래오래 먹고살 수 있는 생산적인 삶, 전공대로 직업을 정하지 않아도 괜찮다는 걸 꿈같은 이야기로 여긴다. 하지만 실제로 이렇게 살고 있는 사람은 너무나 많다. 이를 알려주기 위해 그동안 방송 프로그램에서 사람들을 인터뷰해온 경험으로 '직업'이란 한 가지 주제를 가지고 책에 담아내보기로 했다.

내가 만난 서른한 명의 사람들 중엔 몇백 억의 자산가, 대기업 회장님 같은 대단한 분은 없다. 나 또한 이미 완성된 삶 속에서 노후 걱정 없는 사람들의 이야기보다는 현업으로 활발하게 살아가고 있는 사람들의 생생함을 담고 싶었다. 그게 바로 오늘을 살아가고 내일을 준비하는 사람들에게 현실적인 조언으로 다가갈 것이라고 믿기 때문이다.

"성공하려면 아침에 일찍 일어나세요", "직업을 얻으려면 공부를 열심히 하세요"라는 구태의연한 조언보다 자신만의 방식으로 현재를 살아가는 직업인들의 삶을 들여다보고, 그 안에서 타인에게 울림을 전할 수 있는 '명언'을 찾고자 했다. 그리고 서른한 명을 만나 인터뷰를 하면서 공통된 점을 발견할 수 있었다. 분명 자신의 분야에서 누구보다 빛나고 있었지만 그들에겐 '욕심'이 보이지 않았다. 돈, 명예, 지위 따위를 얻기 위해 일을 시작한 사람은 없었다.

자신의 흥미나 호기심을 구체화하니 직업이 되었고, 그 직업 안에서 좋아하는 일을 꾸준히 하다 보니 어느 순간 그 자리에서 자신의 존재가 돋보이기 시작했다는 것이다. 오히려 과거 실패담을 이야기할 때 그 원인은 동일하게도 '지나친 욕심'이었다. 한 사람도 아닌 서른한 명 모두가 입을 모아 똑같은 이야기를 하고 있다. 이 깨달음이 독자들의 미래를 만드는 과정에 조금이나마 힘을 실어주기 바란다.

서른한 명의 별,

이 책을 선택한 독자들이 한 단계 더 나아갈 수 있길 바라며 집필했어요.

하지만 그 과정에서 들여다본 여러분의 삶은 저 또한 성장시켰습니다.

별처럼 반짝이는 여러분의 이야기를 헤아리며 무탈하게 책을 완성할 수 있었습니다.

제 우주에서 어느 하나 모자를 것 없이 반짝이는 별임을 다시 한 번 입증해준

서른한 분의 삶이 더없이 빛나길 바랍니다.

진심으로 감사합니다.

그리고 나라는 작은 존재에 끊임없이 에너지를 준 사람들.

사랑으로 저를 지지해준 가족과 지인들이 있었기에 이 도전도 가능했어요.

그대들의 믿음은 제게 생명력을 심어줬어요. 사랑하고, 고마워요!

Contents

나만의 브랜드로
세상에 우뚝 서다 _____

콘텐츠의
마법사들 _____

꼭 전공에 맞춰
살지 않아도 _____

현재의 자리에서
최선을 다하면 _____

"네 꿈은 뭐야?"

항상 나를 응원해주던 사람의 질문에 장황하게 하고 싶은 것들을 나열했어요.

"어디부터 어디까지가 지금 하고 싶은 일인지 잘 모르겠어. 진짜 이루고 싶은 게 있다면 다른 사람이 들어도 알 수 있도록 한마디로 정의할 수 있어야 하지 않을까?"

이 말은 치열하게 살아오던 20대의 나날에 급브레이크와도 같았어요. 전적으로 동의할 수밖에 없었죠.

이후 저는 매 순간 제가 하는 일을 간단 명료하게 정의하는 습관을 들였어요. 그 과정이 타인에게 나를 이해시키는 방법이자 스스로를 증명하는 방법이었어요.

이시영

X

김지민

X

콩슈니

X

엠마뷰티

X

윤진욱

좋아하는 일이
직업이 되다

ACTRESS

끝없는 희망으로
도전하는 배우

이시영

🎙 매 순간 목표를 가지고 있는 것 같아요. 어렸을 때도 그랬는지 궁금해요. 배우는 언제부터 되고 싶었던 거예요?

👤 어린 시절 고립된 시골에 살다가 처음 텔레비전을 보고 충격이 컸어요. 거기 나오는 사람들을 보는 순간, 나도 텔레비전에 나오고 싶다는 생각이 들었죠. 그때부터였어요.

🎙 전공은 의외로 의상디자인을 선택했네요.

👤 배우가 되는 것에 부모님 반대가 심했는데 일단 대학을 가보고 졸업 후에도 그 꿈이 남아 있다면 다시 생각해보자고 하셨어요. 배우를 제외하고 전공을 선택하려니 손으로 만들거나 그리기에 소질이 있어서 자연스럽게 의상디자인학과에 진학

했어요.

🎙 그럼 대학을 졸업하고도 여전히 배우가 되고 싶었던 거네요?

👤 네. 생활비를 벌기 위해 원단디자인 회사에서 1-2년 일하고 예체능 계열 입시 과외도 했어요. 그러다 보니 이미 20대 중반 이라서 오디션 볼 때마다 제약이 많았어요.

🎙 그때 가장 힘들었던 건 뭐예요?

👤 가족을 포함한 모든 지인에게 배우가 될 거라고 못 박았는데 20대 후반이 가까워질 때까지 아무것도 이룬 게 없다는 거였 어요. 어영부영 20대 후반이 되니까 취업도 어려웠구요.

🎙 하긴 과외 아르바이트도 일정한 수익이 아니니 그것마저도 불안했을 것 같아요.

👤 그래서 이럴 바엔 차라리 장사를 해야겠다는 심정으로 대출 을 받아서 찜질방 매점을 시작했어요. 저렴한 자리가 나왔다 는 소식을 듣고 덜컥 시작했는데, 함께하려던 엄마가 초반에

편찮으신 바람에 혼자 거의 다 했었어요.

🎤 직장에서나 많은 나이지, 사업하기에는 너무 어려서 서투르고 힘든 일이 많았을 것 같아요.

👤 맞아요, 쉬웠다면 거짓말이에요. 생각보다 찜질방 매점에 취급 물품이 많은데 음료, 간식, 속옷, 화장품 등 조금이라도 아끼려고 모든 도매상을 직접 발로 뛰었어요. 인건비 하나라도 아끼려는 집착 같은 거였죠.

🎤 시도만으로도 대단한 것 같아요. 그 집요함이 큰 장점으로 느껴져요. 그 와중에도 오디션을 본 거예요?

👤 벼랑 끝에 몰리면 뭐든 하게 되더라구요. 24시간 찜질방에서 지내고 오디션 있는 날만 아르바이트 아주머니를 구했어요. 어떻게든 살아지고, 매점도 자리 잡았지만 마음이 항상 공허하고 스스로가 작아지는 것 같았어요.

🎤 돈은 만질 수 있었지만 원하는 걸 못해서인가요?

ㅅ 네. 주변 사람들에게 큰소리쳐놓고 제대로 된 것도 없고, 저를
지켜보는 시선에 겁먹고 좌절한 적도 있었어요. 그러다 '도시
괴담 데자뷰 시즌 3'에 합격했죠. 그땐 이거 하나면 됐다고 생
각했어요. 내가 한 말을 지키게 되었으니 그걸로 충분하다고,
정작 그 다음은 생각 못했던 것 같아요.

내 이름을 걸고 제대로 된 뷰티 프로그램을 직접 제작, 구성, 마케
팅까지 완성했을 때였다. 그 꿈을 실은 배를 움직이게 해준 메인 MC
가 이시영, 그녀였다.

신사동의 한 베이커리에서 처음 만났던 그날의 기억이 아직도 생
생하다. 하얀 트레이닝복을 입고 화장기 없는 얼굴로 그녀가 등장했
다. 나는 보통 누구를 만나더라도 내 의견을 최대한 전달할 수 있도
록 기죽지 말자고 스스로 최면을 건다. 그래서 더 자신감을 가지려
하고 눈을 반짝이며 어필하는 편이다. 그런 나의 이야기를 미소 띤
얼굴로 찬찬히 듣는 모습에 함께 있던 스태프들은 그녀 역시 평범한
사람이라고 이야기했다. 하지만 내가 받은 느낌은 달랐다. 크고 맑은
눈망울은 순간 사람을 무방비 상태로 만든다. 그녀의 시선이 내 전체
를 들여다보고 있는 느낌이었다.

만남이 잦아지고 많은 시간을 공유하면서 그 시선은 사람에 대한
애정임을 깨닫게 되었다. 외면 받던 꿈을 오랜 시간 끝에 이룬 탓일

까. 그녀는 누군가 간절히 원하는 것에 대해 다른 사람보다 더 세심하게 귀 기울이고 돕는다. 그녀는 20대 후반의 지난날을 회상하며 그때 느낀 감정을 쏟아내기도 했다.

"포기하지 않았다기보다는 포기할 수 없는 나이였죠."

"한 살 한 살 나이는 먹어가는데 포기하고 놓아버리기에도 너무 늦었고, 그래도 뭔가를 계속하고 있다는 게 나이를 먹어갈수록 자존감으로 같이 쌓여갔어요."

현재 지망생이라면 또래의 성공한 배우들을 보며 부러워하기보다는 자신을 위한 경제활동을 하기를 권한다. 경제활동은 생산적인 일이다. 일을 하다 보면 활력을 되찾는다. 되려 아무것도 하지 않고 '연기'만 생각한다면 꿈에서도 일상에서도 나아갈 힘을 잃어버릴 수 있다. 무엇보다 배우가 되면 할 수 없을 다양한 경험은 훗날 연기에도 큰 감미료 역할을 할 것이다. 그녀의 삶이 증명하듯 '간절히 바라면 이루어진다'라는 말은 틀린 말이 아니었다. 결국 그녀는 29살, 늦었다면 늦은 나이지만 성공적으로 데뷔했다. 첫 데뷔작이 방영되고 소속사도 생겼다. 예능, 드라마, 영화 등 섭외 제안이 많이 들어왔다.

물론 꿈이 이루어졌다고 고민이 끝난 건 아니었다. 첫 데뷔의 열기가 식자 또 다른 고민들이 생겨났다. 데뷔 후 가장 괴로웠던 순간은 데뷔를 했음에도 일이 없을 때이다. 무엇이든 노력하면 다 얻을 수 있다고 생각했던 순간도 있었지만 배우라는 직업만큼은 노력에 비례하지 않았다. 말 그대로 슬럼프를 겪던 시절이었다. 그때 마침 들어온 역할이 '복서'였다. 그녀는 이 대목에서 '지금은 상상하기 힘들지만'이라고 농담을 섞어 말했다. 데뷔 초반, 부잣집 딸 역할만 해왔었다. 그런 그녀에게 짧은 머리, 강한 캐릭터는 굉장히 신선했고 변화할 수 있는 기회였다. 이 기회를 잡아 최선을 다하기로 결심한 그녀는 직접 복싱을 배우기 시작했다.

복싱은 새로운 세계를 열어주었다. 10을 노력하면 10의 보상이 돌아왔다. 땀을 흘린 만큼 보상이 주어졌고 소홀했던 부분도 확실히 드러났다. 배우로서는 아무리 노력해도 안 되는 부분이 있었다면 운동은 노력이 완벽한 결과를 가져다주었다. 하루하루 성장하는 자신을 바라보며 굉장한 만족감을 느낄 수 있었지만 한 가지 생각이 자꾸 발목을 잡았다. '나는 과연 하나를 시작해 끝까지 마무리해본 적이 있었나?'라는 스스로에 대한 질문이었다. 그래서 계속해서 도전을 이어갔다. 아마추어 선수 등록까지 하고 대회에 오르자 사람들은 이런 식으로 물었다고 한다. "맞는 걸 좋아해요?" 또는 "펀치할 때 희열을 느껴요?" 등 링 위에 선 이미지만 보고 던진 말들이다. 그녀는 꿈을 꾸고 목표를 갖는 것은 어린 나이부터 시작해야만 가능하다고 생각했었다. 그런데 복싱을 하면서 서른이 훌쩍 넘었음에도 꿈을 키우고 있는 자신을 발견했다. 시합을 하면 할수록 더 강한 상대를 만나야 한다는 두려움에 잠 못 이룰 때도 있었지만 승패와 상관없이 그 과정을 버텨내는 시간의 결과물이 자존감을 높였다.

이제 그녀는 한 가정의 아내이자 한 아이의 엄마가 되었다. 하지만 배우 이시영으로서의 성장은 계속되고 있다. 복싱은 멈추었지만 다른 방법으로 자신을 계속해서 확인하고 있다. 게을러지고 싶지 않고 준비된 사람이 되고 싶어 항상 자신의 목표를 향해 달리고 있다. 여전히 운동을 통한 노력과 보상은 자존감을 높여주고 에너지를 최대치로 끌어 올려준다. 특히 새벽녘 어스름한 어둠 속을 달리다 해가 서서로 떠오르면서 주변이 밝아질 때, 하루의 시작을 알리는 해를 바라보며 땀을 흘릴 때 그 만족감은 말로 표현하기 힘들다고 한다. 그리고 하나의 태양이 서서히 주변을 밝게 물들이듯 자신도 밝은 에너지로 주변을 밝히길 원한다고. 그녀는 작은 도전, 노력이 주는 보상을 일상에서 매일 성취하며 큰 목표를 지속적으로 설정하고 있다. 마흔이 넘어서도, 칠순이 되어서도 꿈을 꿀 수 있다는 희망으로 살아가기 위해서.

왜 이렇게까지 하냐는 물음에 그녀는 자신이 일찌감치 활동을 시작한 연기자도 아니고, 늦은 만큼 항상 부족함이 더 많기 때문이라고 고백한다. 때문에 더 열심히 할 수밖에 없다고 말이다. 복싱 역시 늦게 시작했지만 그만큼 몇 배로 노력해서 결과를 만들 수 있었던 것처럼 부족하기에 더 열심히 해야 한다는 자세가 이제는 버릇이 되었다. 이런 자세가 더 중요한 것은 배우의 삶은 타인이 만들어줄 수 없기 때문이다. 일이 있고 없고도 뜻대로 되지 않는다. 누군가 나를 선택했을 때 받아들일 준비와 완벽한 컨디션을 기본으로 갖추고 있어야 한다.

캐릭터 읽기(돈 안 들이고 톱배우에게 1:1 과외)

꿈을 완성해나가는 과정에서 걸림돌은 항상 나이였다. 20대 후반까지도 데뷔를 못했기 때문에 연기학원에 가도 나이가 많아 겉돌 수밖에 없었다. 개인 레슨도 고려했지만 비용 자체가 부담이었다. 그래서 그녀는 인터넷을 통해 영화 시나리오를 찾았다. 방영이 끝난 드라마 대본, 개봉 후 시간이 지난 영화 시나리오를 쉽게 구할 수 있었다. 그 다음부터는 트레이닝의 연속이다. 처음에는 대본을 그대로 통독한다. 그리고 영상을 통해 배우의 호흡, 표정, 말투까지 완벽히 따라 했다. 특히 좋은 대사들은 더 공들여 연습했다. 단순히 남을 따라한다고 볼 수도 있지만 숙련된 배우에게 개인 트레이닝을 받는 것이나 다름없는 방법이다.

생산적인 삶이 좋은 에너지를 만든다

진부한 말이지만 배우를 꿈꾼다면 포기나 타협은 멀리하는 게 좋다. 꿈을 이루는 과정에 걸림돌 하나만 생겨도 빠르게 포기하는 사람이 있다. 하지만 이루고 싶은 꿈이 있다면 반드시 스스로에게 긍정적인 마음을 심어주는 자세가 중요하다. 그리고 항상 밝은 에너지를 지니기 위해 노력해야 한다. 사람의 에너지는 말하지 않아도 그 사람의 분위기로 느껴진다. 좋은 에너지가 준비되어 있지 않다면 결과는 참혹할 것이다. 에너지를 끌어올리는 방법이 누군가에겐 아르바이트를 통한 생산적인 경제활동일 수도 있고, 사람을 만나는 일, 혹은 운동이 될 수도 있다. 자신이 가장 즐거움을 느끼며 생산적인 활동을 할 수 있는 분야를 찾아보자. 걱정이란 생각은 쌓이기 시작하면 순식간에 눈덩이처럼 불어나고 쉽사리 녹지 않는다. 소비적인 생각으로 시간을 버리지 않게 빈틈없이 일상을 채워야 한다.

나만의 HOOK!

꿈꾸는 직업이 있는데 그 꿈을 위해 생계형 아르바이트를 하고 있는 경우도 있죠. 남과 비교하면 패배자라고 느낄 수도 있어요. 하지만 관점을 바꾸면 꿈을 이루기 위한 과정이자 돈 주고도 살 수 없는 경험이 될 거예요.

GAGWOMAN

예능과 쇼양을 접수한
미친 존재감, 개그우먼

김지민

🎤 2019년 기준으로 데뷔한 지 얼마나 된 거예요?

👤 방송 데뷔로 따지면 15년차가 되었어요.

🎤 미용예술학과 출신으로 알고 있는데 어떻게 데뷔하게 된 거예요?

👤 방송계에선 흔한 입문 스토리인데, 지인이 보는 오디션에 따라갔다가 시작하게 되었어요. 옆에서 대본 읽는 도우미 역할이었지만 다음 날 서수민 피디님에게 연락을 받았죠. 개그해봤으면 좋겠다고. 마침 방학이어서 잠깐 해볼까 하는 생각으로 갔는데 여기까지 오게 됐네요.

Ｑ 미용예술학과는 꿈꿔온 게 아니었나요?

Ａ 특별하게 목표를 가지고 진학했던 건 아니었어요. 고등학교 때 아빠의 사업 실패로 가족들 중 누군가 빨리 취업 전선에 뛰어들어야 했는데, 엄마가 손재주가 있으니 미용을 해보라고 권했어요. 저도 야간자율학습을 하느니 미용학원에 가는 게 더 좋아서 미용을 공부하기 시작했어요. 그렇게 다닌 지 한 달 만에 국가 자격증을 취득하긴 했죠.

Ｑ 소질이 있었네요! 미용을 배우면서 '나는 헤어디자이너가 꿈이야'라고 생각한 적은 없었던 거예요?

Ａ 저는 구체적인 목표가 생기고 그로 인해 하나를 얻고 나면 쉽게 안일해지는 성격이더라고요. 그냥 흘러가는 대로 즐겼어요. 손으로 하는 걸 좋아하니 재미는 있었어요.

Ｑ 너무 구체적인 꿈을 꾸지 않았던 게 지금의 자신에게 오히려 도움이 되었다고 봐야 할까요?

Ａ 저의 경우는 그랬어요. 주변의 권유에 따라 움직이면서 삶은

많이 바뀌었지만 그때마다 무궁무진한 나를 발견할 수 있었거든요.

내가 처음으로 뷰티 프로그램을 기획하면서 제작을 앞두고 캐스팅을 고민할 때였다. 메인 진행자인 여배우의 부족함을 채워줄 수 있는 순발력, 진행력, 입담을 가진 것은 물론 뷰티에 해박한 사람이 필요했다. 당시 뷰티 프로그램을 종횡무진 활약하던 셀럽 중 하나가 그녀였다. 그렇게 그녀를 캐스팅하고 처음 만나는 자리, 작은 체구이지만 자신을 가장 자신답게 꾸민 모습과 보통 개그우먼에게서 느껴지지 않는 세련미가 눈길을 끌었다. 제작자와 작가의 입장에서 기획의도와 구성의 포인트를 정확하게 파악하며 전체를 보는 눈을 갖춘 진행자는 흔치 않다. 그녀의 능력은 그 조건에 완벽하게 들어맞았다. 그녀는 제작진을 믿어주었고 제작진인 나 역시 믿고 맡기며 녹화의 흐름을 의지한 부분도 크다. 어느덧 그녀와 4개의 프로그램 함께했다. 그리고 개인적으로도 가까워진 그녀는 야생과 같은 험난한 사회에서 나를 지지해주는 든든한 지원군 중 하나가 되었다. 그녀의 가장 큰 매력은 일부러 꾸며내지 않는 데 있다. 그러한 인간적인 모습이 있기에 대중들이 아끼는 개그우먼이 된 것이 틀림없다.

그녀는 과거에 엄마의 권유로 시작했던 미용이 딱히 반항을 가질 만큼 싫지 않았다. 어쩌면 자신과 잘 맞는 일이라는 생각으로 살아왔다. 그러던 중 지인과 참가한 개그 프로그램 오디션이 인생을 뒤바꿨다. 개그맨을 준비하면서 매주 팀원들과 개그를 짜서 무대에 올라 평가받았다. 본래 친구들과 대화하기를 좋아했던 그녀의 생활 유머를 개그 기획과 접목시키니 좋은 그림들이 나왔다. 또한 어릴 적부터 작은 체구에 목소리도 크지 않아 존재감이 없었는데 이를 벗어나기 위해 항상 발음을 명확히 하려고 노력한 것 역시 무대에서 빛을 발휘했다. 전달력 좋은 호흡과 발음은 그녀를 돋보이게 하는 조명이 되었다고 해도 과언이 아니다. 개그에 대해서는 문외한이었지만 1년이란 시간의 트레이닝은 그녀가 희극인을 꿈꾸는 계기가 되었다. 하지만 전혀 다른 길로 나선 그녀의 행보에 부모님은 크게 반발했고 학교에서는 휴학도 허가해주지 않아 자퇴까지 하게 되었다. 주변의 분위기는 싸늘했다. 그녀가 품은 꿈에는 한숨 섞인 충고만 돌아올 뿐이었다. 그럼에도 그녀는 꿋꿋이 개그에 꿈을 품고 공채시험을 준비했고 결국 합격하게 되었다. 모두가 실패할 거라 말하던 그 길에서 성공했을 때의 기쁨을 잊을 수 없다.

당시 비주얼을 갖춘 여자 개그우먼들이 없진 않았다. 하지만 그 중에서도 드물게 예쁘다는 평가를 받으며 더 화제가 되었다. 개그콘서트 안에서도 많은 코너를 맡았고 활발한 활동으로 데뷔와 동시에 신인상을 거머쥐게 되었다. 공채 데뷔 후 인생이 고속도로를 달리고 있었다. 누군가 자신을 알아보고 인정해주고 박수 쳐주는 환경 안에서 자만심에 빠져버렸다. 그리고 그와 함께 무명 시절이 찾아왔다. 어느 순간, 아무도 자신을 찾는 곳이 없었다.

긴 무명 끝에 작은 역할로 출연 제의가 온 적이 있다. 아침부터 배가 아파왔지만 기회를 놓칠 수 없었던 그녀는 배를 부여잡고 방송에 임했다. 방송을 끝내고 병원에 가는 순간에도 생활고가 발목을 잡았다. 택시비가 아까워 타지 못하고 우여곡절 끝에 병원에 도착했더니 맹장이 터져 있었다. 그때 맹장이 터져 놀란 것보다 일에 대한 갈증이 크다는 깨달음을 얻었다. 얼마 지나지 않아 그녀는 KBS 작가실을 찾아갔다. 몇 년만에 나타나 과거에 거만했던 자신을 기억하는 그곳으로 가는 게 두려웠다. 하지만 무조건 방송을 다시 하고 싶어 찾아갔다. 그런데 인사를 건네는 그녀에게 차가운 시선보다는 반가운 인사가 날아왔다. 순간의 안도감과 함께 동료와 선후배들은 아이디어 회의를 할 때마다 함께하자며 계속 제의해주었다.

4년의 무명 시절은 절실함과 열정을 되찾아주었다. 그녀의 현재 목표는 단 한 가지다. 다시는 그 시간으로 되돌아가지 않는 것이다. 또 다른 변화도 있었다. 미녀 개그우먼이라는 타이틀이 가져다준 시선에서 자유로워지고자 하는 시도였다. 어떤 일에도 '예쁜 척'은 버렸고 망가지는 것을 두려워하지 않았다. 복귀 후 〈9시쯤 뉴스〉라는 코너를 할 때의 기억이다. 무식한 여기자 역할이었는데, 멘트를 하자 관객석이 이내 웃음으로 가득 찼다. 지금까지 그녀의 개그에 그렇게까지 웃어준 적이 없었다. 웃음에 휘감긴 사람들의 모습이 낯설면서도 완벽히 다시 태어난 기분을 느꼈다. 그 감격에 스스로가 웃어 NG가 나긴 했지만 그 뒤로 자신이 가진 것을 개그화하는 시도는 끝나지 않았다. 선배 김대성의 제안으로 여배우가 쓰레기 같은 것만 해내겠다는 의외의 콘셉트를 곧바로 코너로 응용했다.

"호텔 화장실에서 예쁘게 메이크업 수정하는 그림 빼고 몰래 숨어 담배 피는 거 제가 할게요. 느낌 아니까~"

히트 코너는 바로 그렇게 탄생됐다. 미녀라는 수식어는 예쁘게 꾸미고 치장할 때만 빛을 발휘하는 것이 아니었다.

"예쁜 사람이 저렇게 망가질 줄도 아네."

"열정 없이는 저렇게까진 못할 것 같아. 너무 웃겨."

평가는 계속해서 그녀를 전진하게 했다. 그 보상으로 쇼오락 부문 최우수상의 영예를 가져다주었다.

그녀의 활동은 이제 개그무대뿐만이 아니다. 예능 프로그램, 드라마, 쇼교양 프로그램 등 다양하다. 특히 뷰티 프로그램의 등장은 새로운 기회였다. 과거 엄마의 권유로 배운 미용은 전혀 쓸모없는 경력이 될 줄 알았지만 오히려 무기가 되었다. 유인나가 진행하던 '겟잇뷰티' 프로그램에서 한 회 대타로 서브 진행 섭외가 들어온 것이다. 당시 프로그램에 임하기에 앞서 다짐했다. 내가 가진 뷰티 지식은 물론 개그우먼으로서 캐릭터를 살려서 존재감을 나타낼 것을 말이다.

최선을 다해 임했고 녹화를 마친 뒤 작가는 딱 한마디를 했다.

"가뭄에 단비가 내린 것 같았어요. 정보만 있으면 지루한데 재미도 있으니까."

그리고 곧바로 고정이 되었다. 개그 시작과 동시에 뷰티와는 이제 담을 쌓을 줄 알았는데 그 경험이 자신을 더 전문화시켰다. 개그우먼 최초로 뷰티 프로그램 서브 진행자의 타이틀을 얻었고 계속해서 다양한 프로그램에 참여하게 되었다.

일이 있을 때 있고, 없을 때 없는 삶은 숙명과 마찬가지이다. 그녀는 항상 일이 있을 때의 순간을 즐기고 감사하는 마음을 가진다. 그래야 계속해서 생산적인 삶을 살 수 있다는 것이다. 그녀와 함께한 수많은 날 중 유독 일이 많아져 버겁다는 내 말에 그녀가 한 말을 잊을 수 없다. 소속사 회식 때 선배에게 그녀가 한 말이라고 한다.

"선배님, 저는 죽을 때까지 얼굴에 분칠하고 싶어요."

일을 통해 자신을 회복하고 일에 열정을 가진 사람의 진심이 느껴지는 대목이었다. 여전히 구체적인 꿈은 없지만 그녀는 자신이 부끄럽지 않다고 한다. 그렇더라도 멈추지 않고 나아가고 있기 때문이다. 이 과정에서 많은 것을 이루어가고 있다고 믿는다. 쉬지 않고 활동하는 그녀는 계속해서 대중이 원하는 콘텐츠에 맞추어 트레이닝받고 완벽함을 만들어가고 있다. 여전히 감칠맛 나게 언어유희를 하며 화기애애한 분위기를 이끄는 대세 예능인으로 확실하게 자리매김하고 있는 것이 증거이다.

개그맨을 꿈꾼다면 워너비 타겟을 정하라

방송활동에 있어서 가장 중요한 것은 정확한 딕션을 통한 전달력이다. 좋은 아이디어로 완벽한 기획을 하고 대본을 만들어도 발음, 호흡이 부족하여 전달이 되지 않으면 관객과 시청자는 그 의도를 100% 읽을 수 없다. 발음과 호흡은 또 하나의 표정이라고 생각하고 임해야 한다. 타고난 사람도 있지만 그렇지 않은 사람이 더 많다. 좋은 결과를 위해 수많은 연습이 필요한 이유다. 그녀는 이를 가장 완벽하게 구현하는 선배를 워너비로 삼았다. 바로 개그맨 유세윤이다. 개그콘서트의 스타 캐릭터였던 유세윤의 복학생 대본을 프린트하고 영상과 대조해보며 계속해서 연습했다. 말투, 몸짓, 톤까지 똑같이 따라했다. 가장 잘 해내고 있는 사람을 워너비로 삼아 똑같이 연습해보는 것만큼 좋은 훈련은 없다.

가까운 사람을 통한 자기확인

그녀의 주변에는 항상 많은 사람들이 있다. 스케줄이 바쁘더라도 꼭 지인들과 함께하는 시간을 만든다고 한다. 단순히 지인들과 흘려버리는 시간으로 대하지 않고 자신이 배울 점이 있지는 않은지 확인하는 자세도 가지고 있다. 가장 친한 지인 중 한 명은 개그우먼 박나래다. 추구하는 개그의 결은 확실히 다르지만 그녀가 보는 친구 박나래의 장점은 어떤 일이든 최선을 다하는 것이다. 맡은 일은 완벽히 하는 것은 물론 잠을 줄이더라도 새로운 것을 배우는 데 과감히 투자한다. 이를 보며 자신의 열정이나 미래를 위한 투자의 정도가 과하거나 부족하진 않았는지 돌이켜볼 수 있다. 함께 있는 사람의 영향력은 보이는 것보다 더 크다고 믿으며 가까운 사람들과 시간을 보내고 지내면서 그들의 장점을 확인하고 배움은 물론 자신의 장점도 좋은 에너지로 전달하려고 항상 노력한다. 대인관계 또한 그녀가 나태해지지 않고 살아가게 만드는 이유 중 하나이다.

나만의 HOOK!

세상 어떤 일이라도 경험하면 다 쓸모 있게 쓰여요. 국가미용자격증 역시 뷰티 프로그램에서 전문가로 활약하게 만들었고, 또 고등학교 때 취미 삼아 그리던 수채화 그림들이 화제가 되어 미술이라는 영역을 잘 아는 방송계 셀럽으로 또 다른 삶을 만들어주고 있어요. 전혀 연결고리가 없을 것 같지만 의외로 자연스럽게 이어질 수 있어요. 자신이 경험한 일들을 다시 한 번 마주해보세요!

BEAUTY BLOGGER & CREATOR & REPORTER

네이버 대표
뷰티블로거 & 크리에이터 & 리포터

콩슈니

🎙 누가 긍정적인 에너지와 활기를 잃지 않는 사람을 찾는다 하면 '콩슈니'를 추천할 수 있을 것 같아요. 그 긍정적인 에너지를 듣고 배울 수 있다면 좋을 것 같아서 인터뷰를 요청드렸어요.

👤 그렇게 생각해주신다면 저야 영광이죠. 다른 사람들을 배려하려고 밝게 행동하는 것도 있지만 저 스스로 행복하기 위해서도 활동적으로 살아가고 있는 것 같아요. 저는 집에만 있거나 사람을 만나지 않으면 우울하거든요. 크리에이터라고 해서 집 안에서 편집, 촬영만 하는 게 아니라 의외로 외부 일이 많답니다.

🎙 그래요? 그러고 보니 신기하게도 어떤 뷰티행사에든 꼭 참석하셨던 것 같아요.

ᚷ 모바일, 웹이 주무대이지만 사실 직접 브랜드를 경험하고 사
람들을 만나는 건 다 밖에서 이루어지니까 대구, 부산, 포항,
서울, 초대하는 곳이 어디든 다 가려고 노력하고 있어요.

ᚮ 뷰티크리에이터 콩슈니의 활동 영역은 그래서 더 다양할 수
있는 거네요. 블로그, 포스트, 유튜브, 네이버TV, 강의, 방송, 홈
쇼핑까지!

ᚷ 어디든 가다 보니 뷰티크리에이터계의 리포터라는 별명도 얻
었죠. 뷰티가 있는 곳이라면 어디든 찾아가서 탐방하고 꼭 필
요한 정보를 담아내서 저만의 스타일로 발행하고 있어요.

ᚮ 지치진 않나요?

ᚷ 지친다고 생각하면 이 일을 할 수 없었을 거예요. 영상 하나만
고집했어도 지금까지 롱런할 수 없었을 거구요. 모두가 영상
광고만 보는 게 아니기 때문에 강의, 블로그 등 여러 방면에서
제 활동을 보여줘야 해요.

ᚮ 네이버에서는 대표 뷰티크리에이터잖아요. 벌써 10년 경력이

다 되어가는데, 이미 충분히 가치를 인정받은 안정적인 직업이라고 생각해요.

그녀는 항상 생기 있고 에너지가 넘친다. 방대한 업무량을 소화하는 모습에 당연히 소속회사나 함께하는 직원들이 있을 거라고 생각했다. 하지만 누구의 도움도 없이 모든 것을 혼자 다 해내고 있었다. 현재 그녀는 대한민국 최대 포털사이트 네이버에서 운영하는 블로그, 포스트, V앱, 네이버TV 등 다양한 경로에서 대표 크리에이터로 인정받아 활동하고 있다. 또 자신의 이름으로 뷰티 전문 서적을 두 권이나 발간했다.

그녀의 전공은 연극영화과였다. 영화를 만들기 위해서는 연출팀이 제작비를 만들어야 했는데, 학교에 가는 평일 외에 주말을 활용해서 아르바이트 자리를 찾다 발견한 명동 로드숍이 뷰티활동의 시작이었다. 명동 한복판에서 마스크팩을 들고 소리 높여 제품을 소개하고 화장품을 판매하는 일이었다. 거리에 서 있는 일이지만 창피함보다는 재미를 느끼면서 대학을 졸업하고 다시 편입을 준비하기까지 약 5년을 근무했다. 화장품 로드숍에 있다 보니 자연스럽게 뷰티트렌드가 익혀졌고 단순히 아르바이트라 해도 매출을 올려야 했기 때문에 뷰티 제품을 판매하는 홈쇼핑을 습관적으로 시청했다. 홈쇼핑에 익숙해지다 보니 쇼호스트에 매력을 느껴 스피치 학원을 등록한 적도 있었다. 어릴 때부터 호기심이 생기면 무엇이든 도전했던 것이다.

그러던 어느 날, 홈쇼핑을 보던 중 상품평 이벤트에 참여하게 되었다. 정성스레 쓰면 당첨 가능성이 더 높지 않을까 싶어 단순히 '사용감이 좋았어요'라는 말보다는 전·후를 비교하고 지속력까지 보여주며 상품평을 달았다. 그 상품평은 곧장 베스트 상품평에 올라 사은품도 얻게 되었다. 이런 일이 잦아지면서 주변에서는 블로그를 권유했다. 제품에 대한 이해도도 좋고 필요한 정보를 잘 설명한다는 이유였다. 반신반의 끝에 블로그에 도전했더니 단기간 내에 방문자 수가 급격히 늘었고 어지간한 직장인 수입만큼 벌어들였다.

블로그가 자리 잡고 2년 후, 뷰티크리에이터라는 직업이 성행하기 시작했다. 그녀는 또 새로운 도전을 했다. 화장품 로드숍에서 아르바이트를 하면서 손님들에게 제품을 추천하는 것은 일상이었고 편집과 촬영은 연극영화과에서 기본기로 배우는 분야였다. 쇼호스트를 준비하면서 배운 스피치 능력으로 카메라 앞에서의 당당함까지, 그녀에겐 별로 어려운 일이 아니었고 모든 과정이 뷰티크리에이터가 되기 위한 준비였다고 해도 과언이 아니다. 좋아서 배우기 시작했던 것들이 그녀에게 딱 맞는 천직을 만든 것이다. 뷰티블로거이자 크리에이터로 자리 잡으면서는 수많은 방송 프로그램에서 역으로 섭외제의가 왔다. 홈쇼핑회사의 제안으로 모바일라이브홈쇼핑에서 방송진행도 하고 있다. 자신이 경험한 것을 늘 가슴에 품고 하고 싶은 일을 하다 보니 상황이나 방법에 관계없이 성취하게 되었다.

선택과 집중

보통 뷰티크리에이터 하면 화려한 메이크업으로 극명한 비포, 애프터 장면을 만들어내는 사람이라고 생각한다. 하지만 그녀가 집중하는 분야는 스킨케어다. 스킨케어 제품의 장단점을 꼼꼼하게 리뷰한다. 그리고 항상 정보를 덧붙인다. 스킨케어 쪽을 고집하는 이유는 다음과 같다. 다양한 뷰티 브랜드들이 넘쳐나지만 신제품이 가장 끊임없이 출시되는 부분은 스킨케어이기 때문이다. 그렇게 하나의 콘셉트로 자리를 굳히니 이제는 명품, 로드숍, 중저가의 다양한 브랜드에서 신제품이 나올 때마다 그녀를 찾는다. 하지만 광고가 들어와야지만 콘텐츠를 만드는 것은 아니다. 눈에 띄는 제품이 있으면 사비를 들여 구매하고 사용하면서 다양한 콘텐츠를 제작한다.

또한 영상에 대한 도전을 시작했다고 본래 해오던 블로그의 운영을 멈추진 않았다. 대부분 한 분야 혹은 한 플랫폼에서 성공하면 다른 영역을 버리는 경우가 많다고 한다. 하지만 그녀는 그 부분을 지적하고 싶다고 말한다. 자신을 수면 위로 끌어 올려준 첫 경로를 잃으면 본래 자신의 색깔이 퇴색되어버릴 수 있음을 주의해야 하는 것이다.

유명 크리에이터들의 수익은 대기업 연봉을 넘어선 수준이라고 흔히 알려져 있다. 하지만 '돈 많이 버니까 해야지'라는 생각은 버려야 한다. 깨어 있는 모든 시간에 촬영, 편집, 블로그, 강의, 방송 출연, 영상 기획 등 수많은 노력들이 존재한다. 이 모든 노력의 과정을 지치지 않고 해냈을 때 보상을 얻을 수 있다.

그녀는 다시 한 번 말한다. 수억, 수천을 벌어들인다는 크리에이터는 10명 중 6명도 안 되는 일부의 이야기일 뿐이라고 말이다. 크리에이터들의 화려함만 보고 있다면 이 분야에 대해 다시 생각해봐야 한다.

스펙 채울 시간에 자신감을 채우기

뷰티크리에이터가 되기 위해 전공은 무엇을 선택해야 할까? 이 질문에 토익, 토플, 학력은 아무 소용이 없다. 단, 보여지는 것을 두려워하지 말아야 한다. 크리에이터는 자신을 이용해 세상과 소통하는 일이다. 하지만 남에게 보여지는 것, 댓글, 시선 등에 피로감을 느낀다면 절대 할 수 없는 일이다. '나를 알아본다'를 '나를 인정한다'로, '나를 평가한다'를 '콘텐츠가 발전하길 바란다'로 해석해야 한다. 콩슈니가 사람들의 시선, 댓글, 공감에서 삶의 에너지를 얻는 것처럼.

궁금증이 콘텐츠를 낳는다

"어떤 걸로 시작해요?"

"어떻게 만들어야 돼요?"

"소재가 고갈되면 어떻게 하나요."

크리에이터로 활동하면서 가장 많이 받는 질문이라고 한다. 당연히 처음 시작하는 사람이 부담을 느낄 수는 있다. 지금 당장 시작하려면 자신이 가장 좋아하는 것을 찾는 게 중요하다. 좋아하는 것을 찾고 내가 이것에 투자한다면 어떤 걸 가장 따지고 되물을까를 생각해본다. 잘하는 것을 찾기보다는 좋아하는 것, 내가 궁금한 질문을 해결해나가면 완벽한 리뷰가 된다.

나만의 HOOK!

해볼까? 라고 생각 중이라면 당장 시작해보세요. 꼭 영상일 필요는 없어요. 내가 사진을 더 잘 찍는다면 사진이 익숙한 플랫폼, 글을 잘 쓴다면 텍스트가 주가 되는 플랫폼으로 당신에게 꼭 맞는 채널을 찾아서 시작부터 해보세요. 시작이 반이며 꾸준함만 있다면 자리 잡을 수 있어요. 콘텐츠가 제대로 발전할 수 있긴 할까 걱정된다면 콘텐츠를 선보일 때 사람들의 반응을 체크해두고 참고하면 더 빠르게 성장할 수 있을 거예요. 박명수 선배가 그랬죠. 늦었다고 생각할 때 이미 늦었다고. 늦기 전에 얼른 꿈을 성취해요!

BEAUTY CREATOR

코스메틱의 완성,
화보장인 뷰티크리에이터

엠마뷰티

🎙️ 새내기 뷰티크리에이터일 때 처음 뵀는데, 이제는 베테랑으로 자리 잡아가고 계신 것 같아요. 활동 잘 보고 있습니다! 업로드되는 콘텐츠를 보면 과거부터 현재까지 스타일도 많이 달라진 것 같아요.

👤 처음에는 유명인의 커버 메이크업, 쉽게 익힐 수 있는 메이크업 정보 영상을 위주로 했었죠.

🎙️ 지금은 전혀 다른 행보를 보여주고 계시잖아요. 마치 한 브랜드의 메인 화보에 견주어도 손색없을 작업물들이 콘텐츠로 만들어지는 게 너무 신기해요.

👤 크리에이터가 되기 전 무용수를 하면서 모델 일을 병행했거

든요. 그때의 경험을 살려 새로운 길을 걷고 있어요. 브랜드의 제품이 나오면 제품에 맞는 메이크업룩부터 전체 화보까지 콘셉트를 짜서 영상과 화보를 완성해요.

🎙 그래서 탄생한 게 '화보장인엠마'라는 타이틀이군요. 뷰티크리에이터의 한계를 뛰어넘은 새 도전임은 분명해요. 매달 화보를 완성하면 나중엔 한 해의 메이크업 스타일북이 완성되겠네요!

🧑 네, 또 다른 도전이 될 수 있을 거 같아요! (웃음) 요즘 제 일이 너무 즐거워요.

🎙 말씀처럼 굉장히 얼굴이 편안하고 분위기도 따뜻해졌어요.

🧑 남과 비교하지 않고 제 자신이 제일 잘하는 것에만 집중하다 보니 일이 더 재밌고 즐거워졌어요.

2016년 뷰티 프로그램을 제작할 때였다. 당시 TV에서 모바일플랫폼으로 영상 콘텐츠의 판도가 바뀌고 있던 터라 텔레비전 시청률은 저조했다. 그 해결책을 찾기 위해 대한민국 최대 포털사이트 네이버의 담당자를 만났다. 자체적으로 뷰티크리에이터를 육성 중이던 네이버 담당자는 좋은 콘텐츠를 가진 크리에이터를 소개해달라고 요청했고, 그때 당당하게 소개한 친구가 바로 엠마뷰티다. 숏콘텐츠에 익숙하고 화려한 메이크업 정보 영상, 커버 메이크업 등 정해진 정보만 노출하던 크리에이터를 호흡이 긴 방송에 출연시키기까지는 용기가 필요했지만 우려와 달리 그녀는 훌륭한 뷰티멘토가 되어 연예인에게 의존하지 않고도 제 역할을 소화해냈다. 그 이후로 내가 하는 방송, 웹예능, 광고 영상 등에서 여러 번 인연이 되어 작업을 함께했다.

10대 청소년들의 장래희망에 뷰티크리에이터, 뷰티유튜버가 10위 안에 든다는 뉴스를 보았다. 뷰티크리에이터는 웹과 모바일을 기반으로 뷰티에 관련된 콘텐츠를 직접 생산하고 공유하는 사람을 뜻한다. 사용자들은 나와 다르지 않은 일반인이 자신과 소통하며 정보를 알려주는 데 친근한 매력을 느끼기 시작했다. 크리에이터들의 이러한 장점은 새로운 팬덤을 이루어낸다. 예를 들어 과거에는 신제품이 출시되면 톱스타를 이용해 광고를 했지만 요즘은 크리에이터들에게 광고를 맡겨도 높은 조회수, 트래픽을 기록하며 매출에 막대한 영향을 끼치고 있다.

크리에이터에는 장점도 많지만 단점도 분명 존재한다. 길거나 지루하면 보지 않으니 짧으면서도 자극적으로 만드는 경우가 대다수인데 자극적인 콘텐츠는 순간적으로 관심을 끌 수는 있어도 롱런하기 힘들다. 그 사이에 중심을 잡는 일이 무척 어렵지만 이런 특징들을 보완하여 네이버가 성장시킨 뷰티크리에이터들이 가진 장점은 '정보력', '전문성'이다. 또한 양질의 정보성 콘텐츠를 발행하는 크리에이터들을 서포터하기 위해 맞춤형 정규 교육부터 전용 스튜디오, 국내외 비즈니스 기회 등을 제공하는 '뷰스타 프로그램'을 운영하고 있다. 그녀가 성장할 수 있었던 것도 자신이 만드는 콘텐츠의 퀄리티를 높이기 위해 끊임없이 고민해서 네이버의 메인이 된 덕이다. 양질의 콘텐츠를 만들기 위한 노력이 아이디어에 대한 고민으로도 이어졌다고 단언한다.

엠마의 경우 성균관대에서 한국무용을 전공하고 한동안 무용학원에서 아이들을 교육했다. 다만 무용을 가르치는 일은 수입이 적어 아르바이트로 모델 활동을 시작했다. 마침 촬영에 거부감 없이 재미를 느낀 그녀는 꾸준히 겸업하며 모델 능력을 키우게 되었다. 그러던 어느 날 크리에이터인 친구의 콘텐츠에 모델로 참여했고, 촬영을 마친 뒤 친구로부터 제안을 받았다. "너도 크리에이터 한번 해볼래? 몰라도 괜찮아. 다 교육해준대." 자신이 근무하는 회사에서 크리에이터를 육성하기 위해 카메라와 조명을 다루는 법부터 편집하는 과정까지 교육해준다는 것이다. 처음엔 취미 삼아 한번 해보자는 마음으로 시작했다. 그러다 네이버에서 모집하는 뷰티크리에이터 뷰스타에 지원하게 되었고, 정보성 콘텐츠를 계속해서 발행했다. 콘텐츠들은 네이버에 자주 노출되면서 브랜드, 방송과 협업이 늘어났고 무용학원에서 일하던 수익의 300배 수준까지 올랐다. 그녀 역시 이렇게 말한다. "취미 삼아 한 일이 제 인생을 송두리째 바꿔놓았어요" 라고.

크리에이터는 곧 1인 창작자다. 크리에이터의 파워가 강해지면 수많은 브랜드들이 광고를 의뢰한다. 이 수익을 위해 이제는 유명인들도 촬영, 편집 직원을 꾸려 크리에이터에 도전할 정도이다. 여기서 내가 또 엠마를 높이 사는 이유는 그녀가 혼자서 모든 역할을 다 해낸다는 것에 있다. 자신이 기획한 만큼 콘텐츠에 대한 이해도가 가장 높은 본인이 처음부터 끝까지 하는 것이 의도를 잘 전달할 수 있다고 생각한다. 일이 많아지면서 촬영, 편집팀을 별도로 꾸린 적도 있었지만 자신이 찍기만 하고 남이 편집한 걸 확인해보니 자신이 추구하던 방향과 전혀 다른 콘텐츠가 나오는 경우가 있었다. 때문에 시간이 걸리더라도 기획, 편집, 촬영, 업로드, 사후관리까지 모든 것을 본인이 직접 완성하고 있다. 무조건 많은 양을 생산하는 것이 좋은 것은 아니다. 자신이 할 수 있는 만큼의 일을 정확하고 완벽하게 해내려는 것이 참된 크리에이터라고 확신한다.

자신의 장점 파악

뷰티크리에이터들의 활동 영역은 다양하다. 스킨케어 정보뿐만 아니라 메이크업도 일반 메이크업, 커버 메이크업 등이 있다. 말하는 것을 좋아하는 사람은 제품을 들고 비교하며 리뷰를 한다. 메이크업 스킬이 강한 사람은 직접 자신의 얼굴 또는 타인의 얼굴에 발색하며 정보를 준다. 이것을 기본으로 하루에도 수백 명의 사람들이 도전하는, 말 그대로 크리에이터의 홍수시대다. 그녀는 이 속에서 자신이 가장 잘하는 것을 끊임없이 고민하던 중 화보를 떠올렸다. 유려한 몸짓과 포즈는 무용수 때 완성했고 카메라 앞에서의 자연스러움과 당당함은 아르바이트로 모델활동을 할 때 얻어낸 강점이다. 열 마디 말보다 한 장의 사진으로 제품과 메이크업을 가장 잘 표현할 수 있다고 판단한 것이다.

뷰티 시장엔 국내외 색조 브랜드가 수만 개에 이르며 매 시즌 쏟아지는 신제품은 제품 홍보를 위해 연예인, 크리에이터, TV 광고, 블로그 광고 등을 집행하고 있다. 엠마는 자신에게 들어오는 광고를 메이크업 TIP 영상이 아닌 화보로 완성했다. 출시될 제품의 콘셉트를 정확히 이해하고 제품을 가장 잘 뽑아낼 수 있는 비주얼을 직접 기획한다. 기획안이 완성되면 포토, 헤어 등 팀을 꾸려 자신이 감독이 되고 모델이 되어 실제 화보 촬영처럼 진행한다. 완벽한 메이크업 퀄리티를 내기 위해 메이크업아티스트 자격증도 수료했다. 그런 노력 끝에 만들어진 타이틀이 '화보장인 엠마'이다. 처음엔 생소하고 낯간지러웠지만 어느새 뷰티계에서는 그녀를 인정하고 있다. 크리에이터들의 일반적인 제품 리뷰에서 벗어나 자신의 장점을 극대화한 결과물을 만들어낸 것이다.

크리에이터로서 성공하기 위한 조건은 포기하지 않고 꾸준히 콘텐츠를 만들며 소통하는 것이다. 끊임없이 창작을 할 수 있으려면 자신이 좋아하고 잘하는 것을 찾아야 한다. 장점을 파악하고 시작한다면 어떤 콘텐츠라도 지치지 않고 지속적으로 제작해낼 수 있을 것이다.

크리에이터로 롱런하기 위한 조건은 '건강한 마음가짐'

크리에이터의 삶을 현실적으로 말하자면 끊임없는 멘탈 싸움의 연속이다. 한 달 수익이 여느 중견 대기업 연봉에도 뒤처지지 않을 때가 있지만 고정적으로 수익이 들어오는 일이 아니기 때문에 수익의 불안정은 모든 크리에이터들이 감수해야 할 고민거리 중 하나다.

수익만큼 이겨내야 할 숙제는 또 있다. 바로 구독자다. 구독자들은 쉽게 찾아오고 쉽게 떠나간다. 계속 머물러달라고 구걸한다고 해서 되는 일도 아니고 그들이 원하는 콘텐츠를 계속 발행해도 구독자가 유지된다고 단언할 순 없다. 심지어 늘어만 가는 라이벌 크리에이터, 뉴페이스의 등장으로 어려움이 많다.

그녀 역시 크리에이터의 숙명적 고민들 안에서 스스로를 더 혹사시키고 괴롭히며 스트레스에 가둔 적이 있었다. 이 영향은 업로드한 콘텐츠에서도 과감히 드러났다. 기계가 아닌 사람이 만드는 것이기 때문에 그 사람의 결이 고스란히 담길 수밖에 없다. 크리에이터는 어떤 회사를 위해 일하는 것이 아니라 자체적으로 하나의 브랜드가 된 자신을 위해 일하는 것이다. 자기 자신이 마인드컨트롤을 올바르게 하지 않는다면 오래 버티기 힘들다. 그녀는 자신도 마음가짐을 바로 잡지 않았다면 지금까지 뷰티크리에이터로서 활동할 수 없었을 거라고 말한다.

그녀가 매주 끊임없이 콘텐츠를 생산할 수 있는 것은 건강한 마음 때문이다. 행복의 우선순위를 돈, 구독자 수, 좋아요 수가 아닌 자신의 행복으로 여기면서 모든 것이 달라졌다. 일에 대한 슬럼프는 더 이상 오지 않았고 더 많은 아이디어들이 샘솟고 열정도 더해지고 있다.

나만의 HOOK!

나도 크리에이터가 될 수 있을까? 그럼요! 시작하기 전 반드시 자기 자신을 들여다보세요. 나는 어떤 사람인가? 나는 무엇을 잘하는 사람인가? 무엇을 좋아하는 사람인가? 나는 리뷰를 잘하는 사람인가? 비주얼을 잘 보여주는 사람인가? 자기 자신을 잘 파악하고 휘발성이 아닌 정보성을 가진 콘텐츠로 도전해보세요. 그리고 크리에이터는 자신만의 콘텐츠를 만드는 작업을 하기 때문에 남을 비교 대상으로 삼지 말고 스스로를 더 아껴주어야 롱런하는 직업이 될 수 있어요.

BARISTA

레전드 톱모델,
이제는 바리스타계의 샛별

윤진욱

🎤 모델 일을 접고 커피를 배우고 있다는 이야기를 들었는데 단순히 취미라고 하기엔 많은 걸 얻은 것 같아요. 대회에 나가 좋은 성적을 거뒀다는 소식을 듣고 놀랐어요. 어쩌다 커피를 배우게 된 거예요?

👤 불안정한 모델 일과 병행할 수 있는 생산적인 일을 찾다가 커피숍 아르바이트를 하게 되었어요. 4년 정도 일하면서 스승님을 만나게 되어 대회 출전을 권유받았구요.

🎤 기본적인 바리스타 자격증 외에 대회까지 도전한 거죠?

👤 한국커피협회 자격증 1, 2급을 취득하고 로스팅을 배우고 있어요. 2018년에는 한국바리스타챔피언십에서 바리스타의 다

양한 메뉴 제조 능력을 평가하는 대회가 열렸는데 거기서 3위를 했어요.

🎤 여전히 모델계의 전설로 불리고 있는데, 모델 일은 얼마나 했던 거예요?

👤 모델로는 12년 정도 활동했었어요. 데뷔하자마자 런웨이에 섰고 밀라노, 파리컬렉션에서 보테가베네타, 랑방 등의 명품 쇼에 섰었어요.

🎤 이제는 모델 일을 접고 바리스타로서 카페 창업을 계획하는 거라고 봐도 될까요?

👤 창업에 대한 생각은 전혀 없어요. 모델계는 계속해서 새로운 사람을 원하고 제 평생을 두고 봤을 때 모델 하나만 할 수는 없어요. 모든 모델들의 숙제는 제2의 직업을 찾아 병행하는 거죠. 저도 지금 그 과정에 있어요. 다가올 인생의 2막, 3막을 준비하고 있는 과정일 뿐이에요.

그는 친한 친구의 지인으로 사석에서 소개를 받아 알게 되었다.

수수한 옷차림으로 나타났지만 아우라는 남달랐다. 큰 키에 작은 얼굴이 단연 돋보였는데, 자세히 보니 유명 톱모델이었다. 함께 자리에 있던 모델 출신 친구도 대선배인 그를 '전설'이란 표현으로 반겼다. 안부가 오가고, 그 자리는 흥이 올랐다. 하지만 그는 반대로 굉장히 차분해 보였다. 잡지 화보 등에서 보던 이미지와는 전혀 다른 모습이었지만 주변에 귀 기울이는 여유가 인상 깊었다.

현재 그의 직업은 바리스타다. 남자 모델로서는 톱이라 불릴 만한 필모그래피를 가지고 있는 것은 물론 연기에도 도전했던 바가 있다. 바리스타로 활동한다는 이야기에 그의 새로운 행보가 놀라웠다. 한 분야에서 10년을 버틴 후 다른 선택을 하는 것은 쉽지 않은 일이다. 대부분 현실에 안주하기를 선택하기 때문이다.

먼저 그의 인생에 한 획을 그은 모델 일을 말하지 않을 순 없다. 그의 전공은 패션디자인이었다. 디자이너를 꿈꿨고 모델을 생각해본 적은 없다고 한다. 학창 시절, 유명 디자이너 브랜드에서 인턴을 하던 학교 선배가 컬렉션 쇼에 오를 옷을 미리 체크하는 피팅모델 알바를 제안했다. 워낙 옷을 좋아했기 때문에 거절할 이유도 없었다. 며칠 뒤 옷을 피팅하기 위해 쇼룸에 갔더니 그때 마주한 디자이너가 의외의 말을 꺼냈다. 워킹을 배워오면 서울컬렉션 쇼에 오를 수 있게 해주겠다는 것이다. 워킹이 난이도 높은 학문적인 것도 아니었기 때문에 즐기면서 열심히 배웠다. 워킹 연습 후 다시 디자이너를 찾아갔고, 약속대로 그의 쇼에 설 수 있었다. 요즘은 데뷔를 컬렉션에서 하는 경우가 많지만 당시에는 모델 경험이 없는 일반인이 처음부터 쇼에 서는 것은 흔한 일이 아니었다. 첫 데뷔로 서울컬렉션에서 두 개의 컬렉션에 오르는 영광을 얻었다. 계획한 꿈은 아니었지만 기회가 왔고, 놓치지 않고 붙잡음으로써 곧 직업이 되었다.

모델 일을 해온 12년간 시간을 허비하거나 쉰 적은 손에 꼽는다. 더 나아가고 싶고, 남들이 안 해본 것은 다 도전해보고 싶다는 욕심 때문이다. 그 결과 국내외에서 러브콜을 가장 많이 받는 톱모델이 되었다. 자연스럽게 연기자 일도 제안이 들어오면서 단역으로 시작해 케이블 드라마에서는 남자 주인공으로 캐스팅되어 활동한 적도 있다. 이력이 쌓여갈수록 욕심도 커졌다.

그러나 모델과 배우로서 뿌리를 내리고 살아가기 위해선 감수해야 할 부분이 있다. 근무 시간과 수입이 일정하지 않다는 것이다. 일이 없을 때는 지독히 없다. 그렇다 보니 시간을 마음대로 계획하며 쓸 수도 없다. 항상 5분 대기조로 살아가야 했다. 하지만 활동하는 영역이 많아지고 일에 쫓기는 와중에도 틈틈이 홀로 보내는 시간을 무의미하게 흘려보내고 싶지 않았다. 일이 있건 없건, 자신의 메인 직업을 유지할 수 있을 정도의 생산적인 일이 필요했다. 그래서 또 다른 일을 찾던 중 시간을 비교적 자유롭게 조정할 수 있는 커피숍에 아르바이트로 들어가게 되었다. 바쁠 때나 한가할 때나 가리지 않고 꾸준히 일했다. 아르바이트로 시작한 일에도 시간을 투자하다 보니 바리스타계에서 유명한 분을 만나게 되었다. 그의 열의가 재능으로 발전한 것인지, 지금은 스승님이라 부르는 분에게서 자질이 보인다는 말과 함께 바리스타 일을 전문적으로 시작해볼 것을 제의받았다. 바리스타 일을 깊게 배워본다고 해서 크게 잃을 것도 없었기 때문에 그는 고민 없이 도전했다. 도전은 재미의 연속이었다. 커피는 배울수록 더 빠져드는 매력이 있었다. 인생을 통틀어 이렇게 배움의 열정을 느낀 것도 처음이었다. 당장 이것으로 큰돈을 벌거나 지나친 욕심을 꿈꾸진 않는다. 어디까지나 이 배움의 과정과 결과가 훗날 더 좋은 경험으로 쓰일 것이라는 기대감뿐이다.

커피는 이제 국민 음료나 다름없다. 하지만 많은 사람들이 커피 맛의 본질을 느끼며 먹진 않는다. 처음 아르바이트를 할 때는 손님이 주문한 커피를 빠르게 만들어야 한다는 정도만 생각했다. 그런데 스승님을 만났던 그날의 커피 한 잔이 생각의 전환을 가져왔다. 그날 역시 원래 하던 대로 커피를 만들고 있었는데, 그를 지켜보던 스승님이 구체적으로 커피를 추출하는 과정을 제시했다. 샷을 내리고 스팀하는 과정까지 모든 걸 바꾸도록 코칭받았다. 그렇게 완성된 커피를 먹는 순간 새로운 맛에 눈을 떴다.

"우유의 고소한 질감과 촉감이 에스프레소에 섞여서 들어오는데, 한마디로 정말 맛있었어요."

그는 그때 당시의 커피 맛을 그렇게 표현했다. 그리고 지금까지 그가 만들어온 커피가 무의미해졌다. 이제부터는 갖고 있는 원두를 최상의 맛으로 끌어올려 먹는 사람도 진짜 커피의 맛을 느낄 수 있게 하고 싶었다. 그날 맛본 커피 한 잔은 바리스타 자격증을 이수할 때마다 큰 장작불이 되었다. 수많은 자격증들을 누구보다 빠르게 습득해나갈 때마다 모두가 놀랐다. 기본적인 자격증을 취득한 이후엔 바리스타 경연인 '한국바리스타챔피언십'에 참가했다. 대회 준비부터 참가까지 3개월이란 시간을 공들여 준비했다. 이 대회를 간단히 소개하자면 이렇다. 참가한 바리스타 선수들은 대회에서 시연해야 할 메뉴 리스트를 제비뽑기 형식으로 뽑는다. 바리스타는 이탈리아어로 '바(bar) 안에서 만드는 사람'을 뜻한다. 우리나라에서는 커피를 추출하는 사람을 총칭하는 의미로도 쓰이고 있다. 직업명에 걸맞게 대회 현장에도 바(bar)가 준비되어 있다. 자신이 해야 할 메뉴와 재료를 확인하고 최적의 동선을 고려해 바를 세팅한다. 15분 동안 3가지 카테고리 메뉴를 심사위원에게 제공하고 심사 결과는 현장에서 즉시 발표되어 그 자리에서 승자와 패자가 결정된다. 본선과 결선은 두 명의 바리스타가 서로 다른 시연대에서 배틀 형식으로 대회를 치르고 20분 동안 4가지 메뉴를 제공한다. 마지막으로 자신만의 독창적인 메뉴를 만들어내야 하는데, 이를 위해 원두의 상태, 본연의 맛, 대중의 취향을 고민할 수 있는 시간이 주어진다. 여기서 그가 창작한 음료는

'이그조틱몬스터'다. 카카오닙스와 자몽티를 에스프레소와 믹스하고 달콤한 시럽을 넣은 음료다.

요즘은 커피 외에도 티(tea)에 관심이 많아지면서 두 가지가 혼합되는 음료도 각광받고 있다. 잘 만드는 것만으로도 승자가 되진 않는다. 내가 제공하는 커피가 어떤 신맛, 단맛인지, 향미까지 잘 표현해야 하고 과일, 채소, 꽃, 견과류 등에 결합시켜 표현력을 더해야 한다. 자신이 만드는 커피에 대한 정확한 이해와 쇼맨십도 필요한 것이다. 이 점에서는 모델활동이 많은 도움이 되었다. 대회장에서 선수들을 향한 수많은 스포트라이트와 심사위원들의 평가는 긴장되는 요소가 아니었다. 10년이 넘는 시간 동안 늘 사람들 앞에 서왔고 수많은 오디션을 경험했기 때문이다.

대회에서는 예상치 못한 실수로 1위의 자리를 놓치긴 했지만 아쉬움보다 성취감을 느끼고 있다. 무엇인가 열중해서 배우고 그 배움의 가치가 발현되는 것을 몸소 경험했기 때문이다. 이와 함께 앞으로 도전하고 싶은 과제가 많아졌다. 이 일의 가장 큰 매력은 커피를 마시고 즐긴다면 평생 할 수 있다는 것이다. 좋아하고 알게 되면 깊이 있게 공부하기 때문에 자연스럽게 전문성도 갖추게 된다. 바리스타로서 배움의 길을 걷고 있지만 최종 목표를 한정해두진 않았다. 생두를 볶는 로스터, 커피의 맛과 품질을 평가하는 커퍼, 커피 창업 컨설턴트, 생두 수입 유통사 관리 등 다양한 길이 열려 있다. 정년퇴직이 존재하지 않는 분야이기 때문에 조급해하지 않는다. 30대 중반이지만 여전히 많은 것을 경험하고 자신의 것으로 체득해나가고 있는 지금이 즐겁다고 말한다.

커뮤니케이션 라이프

바리스타의 일은 커피를 만드는 것에 그치지 않는다. 제조도 하지만 서비스를 빼놓을 수 없다. 레스토랑의 셰프라면 대부분 자신이 만든 음식을 맛보는 고객들을 대면하기 어렵다. 하지만 커피는 다르다. 주문을 받으며 메뉴 추천을 하는 등 자연스럽게 손님과 커뮤니케이션을 한다. 커피를 먹으러 오는 사람들은 자신의 지친 삶 속에서 쉬어갈 공간을 찾아 오는 것이다. 그 목적에 부합하기 위해서도 서비스 마인드가 필요하다. 단순 음료 제공만 생각한다면 고객들의 컴플레인을 감당하기 힘들 것이다. 더불어 이 일을 오래할 수 없게 된다. 커피의 질은 물론 올바른 서비스 마인드를 갖춰야 최고의 바리스타로 성장할 수 있다.

배움이라면 무조건 예스맨

어떤 일을 시작할 때 완벽한 사람은 없다. 많이 배웠어도 막상 실전에 부딪히면 배워야 할 것들은 더 많아진다. 주변 선배, 상사 혹은 클라이언트까지 많은 사람들이 장점보다 단점을 찾아내 지적하고 변화할 것을 요구한다. 누구나 그런 상황을 경험해봤을 거라 생각한다. 사회생활의 첫 시작인 모델 일을 할 때도 전문 모델 교육을 받은 적이 없기 때문에 배움에 대한 욕구가 많았다. 그때마다 무엇이든지 시도해보았다. 무언가 배우는 순간은 자신의 주관을 버렸다. 이미 자신보다 더 앞선 전문가에게 배우고 있기 때문이다. 자신의 생각은 넣지 않고 배우려는 자세로 임했을 때 훨씬 더 빠르게 습득하고 결과도 좋았다. 커피 역시 마찬가지였다. 지금까지 해온 자세로 최선을 다해 배우니 또 다른 길이 펼쳐져 있었다. 배움에 대한 제안과 환경은 자신의 인생을 바꿀 수 있는 기회가 되기도 한다고 충고한다.

나만의 HOOK!

모델계에서 최고의 정점을 찍은 그가 제2의 삶을 살면서 계속되는 도전에도 성실히 임하며 성공할 수 있는 이유는 하나였다고 해요.

"연기할 때 오디션에 앞서 미리 준비한 대본에 욕심을 내면 항상 탈락하고 오히려 현장에서 받은 대본으로 즉흥 연기를 할 때 결과가 좋았어요."

어떤 일이든 지나친 욕심을 가지면 자신을 객관화해서 바라볼 수 없어요. 자기 자신도 읽을 수 없는 자신의 모습은 타인에게도 혼란스럽게 비춰질 거예요.

안정은

X

장정은

X

에이미

X

박지현

X

김혜연

특별한 일을
하고 싶어

RUNNER

취미가 직업이 된 인플루언서,
프로 러너

안정은

🎤 승무원도 그만두고 유명 호텔 마케팅팀에 입사한 지 얼마 안 된 거 같은데, 정말 그만둔 건가요?

👤 제 직업은 이제 러너예요. 러닝 전도사라고 불려요.

🎤 러너라는 직업이 있었나요?

👤 뛸 수 있는 곳, 뛰는 사람이 모이는 곳은 어디든지 쉬지 않고 따라다녔더니 SNS에서 인기를 얻었고 광고가 들어오기 시작했어요.

🎤 놀랍네요! 취미가 직업이 되다니 너무 부러워요!

ᴀ 네, 정말 취미로 밥벌이를 하고 있어요. 지금은 SNS에 홍보를 겸하며 광고로 수익을 내고 있지만 사실 장기적으로 보았을 때 불안해요. 새로운 변화가 필요한 거 같아요.

🎤 그동안 달리는 걸 영상, 사진으로 담아서 일방적으로 공유했다면 이젠 대중과 함께 달려보는 건 어떨까요? 무궁무진한 프로젝트가 많을 것 같아요!

　그녀를 처음 만난 것은 17년도 뉴발란스 마라톤 대회의 서포터즈 멤버가 되면서였다. 그때까지만 해도 나도 그녀도 막 러닝에 맛을 들인 초보 러너였다. 그러고 나서 1년이 흐른 후, 다시 그녀와 연락이 닿았다. 잘나가던 유명 호텔 마케팅팀을 퇴사하고 러너가 되기로 결심했다는 것이다.

　처음에는 러너가 직업이 될 수 있을까? 하는 생각에 이해가 가지 않았다. 하지만 러닝에 대한 수요와 관심은 해마다 증가하고 있다. 각종 장비, 센터를 통하지 않고서 운동화와 건강한 두 발만 가지고 있다면 언제든지 시작할 수 있는 운동이다. 2018년 10월, 글로벌 리딩 스포츠 브랜드 아디다스는 러닝을 즐기는 사람들이 함께 모여 운동하고 러닝에 대한 열정을 서로 공유하는 커뮤니티 '아디다스 러너스 서울(ADIDAS RUNNERS SEOUL/이하 AR SEOUL)'의 가입자가 9천 명을 넘었다고 밝혔다.

젊은이들 사이에서 러닝이 힙해진 이유는 무엇일까. 러닝 자체는 자신과의 싸움이다. 두 다리를 갖고 거리를 달리다 보면 숨이 턱 끝까지 차오르고 포기하고 싶어지는 순간이 온다. 하지만 누군가와 함께 달리면 조금 더 먼 거리를 달리게 되는 마법 같은 효과가 있다. 뭐든지 다 같이 할 때 즐거움을 느끼고 잘하는 사람이 있다. 잘하는 사람처럼 되고 싶어 하는 욕구마저 자극시킨다. 러닝도 마찬가지다. 이 운동을 하면서 점점 성장하고 잘 뛰는 사람은 그 분야의 워너비가 될 수밖에 없고 그렇게 뛰고 싶은 사람은 그를 추종할 수밖에 없다. '안정은처럼 잘 뛰고 싶다' 또는 '안정은처럼 오래 달리고 싶다'라는 바람은 그녀가 신은 신발, 옷, 장소에 대한 관심으로 쏟아지게 되었다. 또 같이 뛰고 싶어 하는 팬덤도 점차 생겨났다. 러닝 수요가 늘어나며 관련된 브랜드들은 그녀에게 협찬을 하지 않을 수가 없다.

정말 본업을 포기하고 선택할 만한 수익적 가치가 있나 의구심을 가질 수도 있다. 한 매거진 인터뷰를 통해 확인된 유명 러너들의 월 수익은 최소 3천만 원이라고 한다. 자신이 좋아하는 일을 하면서 스스로가 브랜드가 되어 그 활동이 수익화된다면 이보다 더 즐거운 일은 없지 않을까.

러닝 인플루언서 중 가장 밝은 에너지의 소유자

러닝 행사장, 그리고 사진과 영상 속에서 그녀는 늘 밝게 미소 짓고 있다. 가장 기억에 남는 장면은 58km 산을 뛰는 와중에도 밝게 웃고 있는 모습이었다. 다양한 러너들이 활동하고 있지만 밝은 에너지보다는 기록과 꾸준함을 강조하는 경우가 더 많다. 그녀만의 밝은 얼굴과 에너지는 낯선 이들을 무장해제하게 만든다. 즐겁게 자신의 삶을 러닝으로 탐닉하고 있는 그녀의 모습이 많은 이들에게 영감을 주는 것이 분명하다. 자신의 일을 즐기고 있다고 느끼는 고양감, 그리고 짙은 미소는 러너뿐만 아니라 어떤 직업을 가졌더라도 갖고 있으면 좋은 자신만의 열쇠다.

마케터로 살아온 시간

마케터는 항상 고객들의 이슈 사항을 조사하고 빠르게 파악해 맞춰가는 일을 한다. 디자인 마케터, 콘텐츠 마케터, 영업 마케터 등 분야도 여러 가지이지만 공통적인 것은 시시각각 변화하는 시장의 흐름과 트렌드를 읽고 고객의 니즈를 맞춰준다는 것에 있다. 과거 그녀가 마케팅을 해야 하는 목적 대상이 '호텔'이었다면 이제는 자신이 된 것 같다. 첫 시작은 개인 SNS 혹은 대외활동을 통해 자신을 알리는 것이었다. 그 후에는 러너들이 관심 갖는 서적, 마라톤 홍보대사, 방송 출연 등 다양한 채널을 통해 자신을 알리기 시작했다. 이때 무엇보다 '즐겁게 달리는 러너', '러닝 전도사'라는 목표를 전제로 뚜렷한 톤앤매너를 유지했다.

일방적이지 않은 공유형 생활

그녀는 SNS를 통해 20만 명 이상의 팔로워와 소통하고 있다. 팔로워 숫자는 곧 그녀의 팬덤이다. 자신의 팬덤과 소통하며 일상 사진 하나로 콘텐츠를 만들어간다. 한마디 말보다 한 장의 사진이 더 많은 의미를 전해주는 것처럼 인스타그램, 블로그로 활동하는 패션 마켓은 '인플루언서'의 일상 사진 한 장이 상품에 대한 모든 걸 이야기해준다. 일방적인 소통이 아닌 공유는 여기서도 이루어진다. '일본에서 어디를 달리면 좋을까요?', '추천하고 싶은 러닝코스가 있나요?' 등 자신에게 궁금해하는 것들에 답변을 달아주거나 혹은 대신 체험하여 콘텐츠로 발행한다.

러너로 직업을 전향하며 그녀가 했던 첫 번째 시도는 '런트립'이었다. 보통 여행을 하러 가면 꼭 들러야 할 관광지나 맛집을 추천하는 것처럼 그녀는 러너의 직업을 살려 이곳에 오면 달리기 좋은 곳, 자동차가 아닌 두 발로 꼭 가봐야 할 곳들을 직접 뛰면서 영상으로 담았다. 코스에 대한 정보를 주는 것은 어느 정도 성공적이었다. 여행 매거진의 객원 칼럼리스트로 활동하면서 국내외 런트립의 이야기를 매거진에 싣기도 했다. 두 번째 시도로 내가 제안한 것은 SNS 밖으로 팬덤을 불러내는 것이었다. 지독히도 뜨거웠던 2018년 여름, 그녀의 SNS에는 야외운동을 하면서 그을린 피부 관리에 대한 질문이 많았다. '자외선 차단제는 뭘 써요?', '피부 화상은 없나요?', '수분이 손실되지 않나요?' 그 질문에 우리는 함께하기로 한 것이다.

뷰티 브랜드와 연이 깊은 나는 그녀와 가장 잘 어울리는 오가닉 브랜드의 협찬을 받아왔다. 그녀의 SNS를 통해 일정을 공유하고 약 20명의 사람을 초대했다. 그녀를 보려고 창원에서 왔다는 남자 러너의 쑥쓰러운 미소를 잊을 수가 없다. 이날은 러너 안정은이 페이스메이커가 되어 5km 한강을 함께 달렸다. 뛰고 온 뒤 그녀의 이너뷰티, 스킨케어 팁을 공유하고 대화하는 시간을 가졌다. 그녀가 깊이 알지 못하는 부분에서는 내가 목소리를 냈다. 뷰티 관리, 제품의 올바른 사용법 같은 전문적인 부분을 설명했다. 참여한 사람들에게는 제품을 선물하고 다양한 시연 방법을 공유했다. 과연 이 행사를 무사히 치를 수 있을까? 하는 물음은 있었지만 둘이 준비한 것치곤 꽤나 성공적이었다. 브랜드 입장에서는 건강한 이미지를 어필할 수 있었고 그녀의 입장에서는 소통의 창구를 더 넓히는 계기가 되었다. 그렇게 시작한 '토토런'은 현재 지역의 투자를 받아 관광명소로 알려지고 확대되었다. 영월, 군산, 부산 등 그녀와 여행을 가서 함께 뛴다. 이제 그녀의 주 무대는 해외로도 뻗어나가고 있다. 최근에는 일본, 모리셔스, 호주 등에서 직접 뛰며 콘텐츠를 생산해내고 있다.

나만의 HOOK!

취미가 직업이 될 수 있어요. 당신이 즐기고 잘하는 것이 있다면 개인 SNS에 사진 혹은 영상 콘텐츠로 게시하고 사람들과 공유해보세요! 수십 장의 자기소개서보다 더 나을지도 몰라요.

Seed oils therapist

들기름으로 세계를 점령한
씨드오일 테라피스트

장정은

🎤 뷰티 행사장에서 대표님이 스피치하고 내려오시자마자 제가 인사 건넸던 날 기억하세요? 보통 '농부' 하면 떠오르는 고정 관념을 깨고 다양한 일을 하며 살고 계신 게 너무 매력적으로 느껴졌었어요. 다른 사람들도 대표님의 직업에 대해 질문을 많이 던질 것 같아요.

🧍 네, 그럼 저는 이렇게 대답하죠. 두 아이의 엄마이자 한 남자의 아내이고 농사를 짓는 농부이자 손수 지은 농작물로 화장품을 연구하는 연구원이라고요. 9명의 직원을 이끄는 대표이기도 하고요. 아, 귀농을 생각하는 도시인들에게 컨설턴트 역할도 하고 있네요. 지리산에서 제일 바쁜 농부입니다. (웃음)

🎤 그래도 하시는 일의 공통점은 있어요. 들깨, 참깨로 만든 오일

이요.

A 맞아요. 결국 시작도 끝도 들기름, 참기름으로 끝나더라고요. 그래서 얻은 별명이자 직업명이 하나 있어요. '씨드오일 테라 피스트'예요. 저 역시 마음에 들어 하는 명칭이에요.

Q 새로운 직업을 창조하고 계신 거 같은데요? :) 지리산은 원래 살던 곳이 아니신 거예요?

A 지리산에 터를 잡은 지는 10년 정도 됐어요. 그 전에는 뼛속까 지 도시 사람이었죠.

Q 귀농하신 거였군요! 원래 어떤 직업을 갖고 계셨어요?

A 아동복지과를 전공해서 어린이집 교사로 8년 정도 살아왔어 요. 소모적인 도시생활에 지쳐 생산적인 삶을 살자며 남편과 귀농을 결심했어요.

Q 지리산에 갈 때 이렇게 일거리가 많은 농부가 될 거라고 예상 하셨어요?

ㅁ   전혀요. 시골 경험이라고는 대학교 때 농촌봉사 간 게 전부였
     어요. 지금의 제 삶에 저도 매일 놀라워하고 있어요.

  장정은 대표를 만난 건 신생 뷰티 브랜드를 소개하는 행사장이었
다. 작은 체구지만 마이크를 들고 선 넘치는 자신감과 풍부한 표현력
이 귓바퀴를 맴돌았다. 그녀는 자신을 '지리산에서 온 농부'라고 소개
했다. 지리산 자락에서 직접 농사 지은 들깨와 참깨로 기름을 짜고 불
포화지방산이 풍부한 들기름으로 화장품을 만들었다. 올리브오일의
다양성은 익히 들어봤어도 들기름의 활용과 변화는 새로웠다. 마이크
를 내려놓는 그녀의 뒷통수에 박수갈채가 쏟아졌다. '가공되지 않은
것에서 아름다움을 얻는다'는 말은 내가 추구하는 뷰티 슬로건 중 하
나이기도 해서 나 역시 깊은 공감과 인상을 받았다. 탄탄한 브랜드와
남다른 패키징 퀄리티는 그녀의 자신감을 입증하는 듯했다. 그 매력
에 이끌려 나도 모르게 그녀를 뒤따라가 명함을 건넸다.
  2011년 지리산 자락, 서울에서 온 한 여자가 아이를 업은 채 밭은
누볐다. 평생 농사를 지어본 적도 없으면서 열정 하나로 자연순환농
법에 도전한 여자, 바로 장정은 대표였다. 그녀가 지리산에 와서 가
장 힘들었던 기억은 처음 귀농하여 마주한 풀과 관련된 모든 순간들
이다. 2500평 밭의 풀은 뽑아도 뽑아도 뒤돌아서면 자라났다. 그 당
시에는 제초제라는 개념도 생각하지 못하고 눈에 보이는 대로 호미

를 들고 매일같이 풀과 전쟁을 치렀다. 울부짖으며 호미를 집어 던진 기억이 아직 생생한 듯하다. 처음 도전한 작물은 씨감자였다. 볕과 바람에 예민한 씨감자와 씨름하던 무수한 날들. 어느 날 문득 정신이 번뜩 들었다. 부가가치가 높은 상품을 재배해야겠다는 생각이 강하게 들었다. 재배 후 가공할 수 있는 것을 찾다 보니 우리나라의 식용유지(edible fats and oil, 食用油脂) 자급율이 3%밖에 안 되는 것을 알게 되었다. 여기서 1%만 차지해도 자신은 물론 함께하는 주변 농가들에게 큰 기회가 될 것이라는 생각으로 농사를 재정비하기 시작했다.

국내에 상용화된 식용 오일의 원산지를 보면 우리 땅에서 나는 것은 없고 대부분 수입산이다. 이런 시장의 행태가 그녀를 더 움직이게 만들었다. 우리 땅에서 직접 재배하고 짜내는 우리나라 고유의 오일, 들기름과 참기름. 이 두 기름은 효능도 풍부하다. 참기름은 단순불포화지방산인 올레산(오메가-9)이 지방산의 40~50%를 차지하여 혈관질환 개선에 효과적이며 들기름은 지방산인 알파리놀렌산(오메가-3)이 무려 55~65%나 들어 있어 항암효과와 혈압예방, 치료에 좋다고 알려져 있다. 우리 고유의 것을 명품화하기로 마음먹고 이 시장에 뛰어들었다. 직접 재배한 햇참깨, 들깨만을 100% 사용했다. 많은 기름을 짜내기 위해서는 고온에서 볶아야 하는데, 그러면 발암물질인 벤조피렌 등의 유해물질이 생성될 수 있어 최소한의 열로 건조 후 저온에서 압착하는 방법을 고수했다. 이러한 고집만 있었다면 그녀의 직업은 그저 들기름, 참기름을 만드는 농부로 끝났을 것이다. 그러나 누구보다 잘해낼 수 있다는 자신감과 들기름의 고유한 역사에 대한 사명감이 도전정신을 불러일으켰다.

2017년, 대부분 헛수고라고 핀잔을 주었지만 그녀는 식음료 품질 평가기관 ITQI (International Taste & Quality Institute)에 자신이 만든 오일을 출품한다. ITQI는 유럽 벨기에 브뤼셀에서 설립된 기관으로, 그녀의 오일은 세계적인 미식가들의 블라인드 테스트를 거쳐 엄중한 심사 끝에 별 3개 만점 중 2개를 차지하는 영광을 얻었다. 서양인들에게 낯설 것이 분명한 들기름으로 맛과 풍미를 인정받은 것이다. 누군가는 무모한 도전이라고 말했지만 결과적으로 유럽 미슐랭 가이드가 인정한 오일이라는 타이틀을 거머쥔 것은 물론 국내에서도 좋은 기름으로 여러 기관에서 인정받고 있다. 대한민국에서 오일을 가장 잘 만들고 잘 활용해서 오일 요정이라는 별명도 얻었다.

그녀의 도전은 여기서 끝나지 않았다. 참깨와 들깨의 효능들이 입증될수록 더 큰 관심을 갖게 되면서 피부에도 좋은 영향을 끼친다는 사실을 발견했다. 유럽에서는 '오일'을 주제로 한 케어테라피가 많이 발달되어 있는 반면 국내에는 그런 연구나 개발이 잘 이뤄지지 않는 맹점을 이용해 오랜 연구 끝에 자연주의 화장품을 세상에 내놓는다. 들기름, 참기름을 원료로 한 그녀의 화장품은 피부진정과 회복에 효과가 탁월했고 천연화장품의 역사와 대중성이 깊은 유럽과 미국에 수출되기 시작했다. 2019년은 그 가속화가 좀 더 본격화되면서 그녀의 활동 영역은 세계 곳곳으로 뻗어나갈 예정이다.

씨드오일 테라피스트라는 직업명은 단순히 기름을 짜는 것에서 벗어나 오일의 다양성을 계속해서 만들어내고 있기에 부여받을 수 있었다. 씨드오일 테라피스트로서 그녀는 우리 오일의 세계화를 꿈꾸고 있다. 그리고 부가가치 높은 사업을 계속해서 발전시키고 나아가 생명력을 잃고 있는 우리 농가에 힘을 실어주는 것 또한 최종 목표다.

긍정적인 마인드 컨트롤

보통 귀농을 하면 대부분 실패해서 돌아온다. 10년의 시간 동안 버텨내는 것 이상의 성과를 내고 있는 그녀의 힘은 어디서 왔을까 궁금했다. 처음 지리산에 귀농을 하고 어려움을 겪던 시절, 그녀를 버티게 한 가장 큰 원동력이 무엇이냐고 묻자 옆에 있던 직원분이 냉큼 답했다.

"긍정이요! 제가 4년간 일하면서 한 번도 얼굴 찡그리시는 모습을 본 적이 없어요."

그녀는 옆에서 수줍게 수긍하는 몸짓으로 고개를 끄덕이며 대답했다.

"네, 제 안의 힘은 무한 긍정이에요!"

그녀를 처음 만난 순간부터 지금까지의 모습을 종합해서 보아도 '싱글벙글'이란 수식이 딱 어울렸다. 자신이 하는 일은 사람이 먹는 음식을 만드는 직업이며 음식에는 만드는 사람의 기운이 담긴다고 힘주어 말하는 장정은 대표. 리더인 자신이 먼저 긍정적인 에너지를 가져야 함께 일하는 사람들도 그 힘을 얻는다고 생각해 즐거운 마음을 유지하려 항시 노력한다. 하지만 사람이 살아가는 데 항상 좋은 일만 있을 수는 없으니 부정적인 마음이 드는 날엔 오히려 모든 일을 접고 이른 퇴근을 권한다. 그만큼 음식을 만드는 사람은 반드시 건강한 마음을 가져야 한다는 것이다.

변화를 즐긴다

목표를 이루는 과정이 어렵다고 말하는 사람도 있다. 하지만 어느 명언에서는 목표를 구체화하면 계획이 되고 계획을 더 구체화하면 실천 방법이 된다고 한다. 오일 시장에서 두각을 나타내고 싶었던 그녀는 사명감을 가지고 세계화에 도전하고 있다. 이 모든 변화는 치밀하게 계획한 것은 아니지만 차근차근 자연스럽게 단계를 밟아나가고 있으며 이 과정에서 재미를 느끼고 있다.

들기름과 참기름은 가장 한국적이고 고유한 기름이기지만 세계화되어가는 현대인의 식습관에도 맞춰갈 필요성이 있다. 장정은 대표는 이를 책상에 앉아 고민만 하는 방식으로 해결하려 하지 않는다.

대신 직원들과 회식시간을 변화의 기회로 삼고 있다. 전문 셰프를 모시고 자신들이 만든 오일을 활용해 요리를 만들어 먹는 것이다. 그렇게 해서 들깨 파스타, 참깨 페스토, 들기름 바비큐 소스 등 다양성을 갖추게 되었다. 변화 자체를 즐길 수 있는 환경을 만들다 보니 직원들 스스로도 다양한 레시피나 목표 과제를 생각한다. 어떤 회사에서는 제품 개발이 가장 지루하고 고통스럽다고 말하지만 그녀의 사업장에서는 해당되는 이야기가 아니다. 모두가 즐기고 있기 때문이다.

그녀를 소개하는 방송, 기사에는 항상 이런 표현이 사용된다. 바로 '행복한 정은 씨'다. 변화와 도전의 과제를 행복으로 여기는 마음가짐은 분명히 통하고 있다. 어떤 일이든 혼자보다 둘이 낫고 둘보다 여럿이 낫다. 여럿이 모여 자유로운 생각을 할 수 있는 환경은 다양한 성과로 확인되고 있기 때문이다.

농부는 더 이상 고립되고 현실성 없는 직업이 아니에요. 과거엔 단순히 작물을 재배하기만 했다면 이제는 다양한 브랜딩과 마케팅이 이루어지며 수많은 성공 사례들이 쏟아져 나오고 있어요. 여기에 결과를 예측할 수 없는 모험심까지 갖춰야 하는 것을 볼 때 농업은 곧 비즈니스임을 부정할 수 없어요. 변화하는 트렌드와 계절, 작물에 민감하고 다양한 아이디어가 충만하다면 청년 농부로서의 첫걸음을 내디딜 자질은 충분하다고 믿어요.

Raw Food chef

로푸드로 사람을 구하는
전직 간호사

에이미

Q 비건이나 로푸드는 한국에서는 굉장히 생소한 개념이잖아요.
   1세대 로푸드셰프라고 불리시는데 주변 환경이 채식에 익숙
   한 삶이었어요?

A 아뇨. 저희 부모님은 고깃집을 하세요. 조미료로 맛을 낸 자극
   적인 음식에 익숙해져 있었고 미국에서 생활할 때도 패스트
   푸드를 매일 입에 달고 살았죠.

Q 의외네요. 그런데 미국생활은 어쩌다 하게 되신 거예요?

A 대학 때 어학연수로 미국에 갔는데 생각보다 잘 맞더라고요.
   이곳에 터를 잡고 살아야겠다고 생각해서 자퇴를 하고 미국
   에서 다시 공부했어요.

🎤 미국에선 어떤 삶을 꿈꿨어요?

👤 아무래도 외국인이 미국에서 살아가려면 직업은 전문직이 좋겠더라고요. 간호학과를 전공했고 이후 간호사로 일하기도 했었어요.

🎤 계획한 대로 이루었음에도 한국으로 돌아오게 된 계기는요?

👤 퇴근하던 길에 큰 사고를 당했어요. 돌봐주는 사람 하나 없이 통원치료를 하기도 버거웠고 혼자서는 일상적인 생활도 할 수가 없어서 가족이 있는 한국으로 돌아올 수밖에 없었어요.

🎤 몸이 아픈 상태여선 돌아와서도 절망적이었겠어요.

👤 네, 인생에 가장 힘든 시간이었어요. 약이 독해서 몸은 쇠약해지고 누워만 있다 보니 체중은 점차 불어나고, 알 수 없는 트러블들이 얼굴과 몸을 덮었어요.

🎤 한창 젊고 예쁠 때인데 몸도 피부도 변화하니 그만큼 힘든 것도 없었을 것 같아요.

ჟ   1년간 안 다녀본 병원이 없을 정도였어요. 그러다 간호학을
    공부할 때 환자들에게 '음식'도 약처럼 처방하곤 했던 게 떠
    올랐어요. 그날 이후 채식 위주로 식단을 바꿨고 3개월 만에
    몰라보게 달라졌어요.

ϙ   음식으로 삶의 모든 변화를 경험하면서 결국 직업이 되었군요!

    그녀는 반갑게 날 맞아주었다. 생동감이 넘치는 표정과 목소리는
살아 있다는 표현이 걸맞았다. 그녀가 다루는 음식만큼 그녀 자신도
신선해 보일 정도였다. 처음 그녀를 소개받았을 땐 그 싱그러움에 태
생부터 채식과 가까운 사람인 줄 알았다. 그러나 그녀가 로푸드와 연
결된 것은 예고 없이 찾아온 사고의 후유증 때문이었다. 그때의 악몽
을 아직도 잊지 못하는 모습이었다. 모든 방법을 동원해 치료를 시도
했지만 소용없었고, 마지막으로 선택한 채식 식습관이 자신을 다시
태어나게 했다고 믿고 있다.
    처음에는 기본적인 채식 식단을 지키다 점점 효과를 보면서
100% 생채식을 하게 되었다. 더 맛있게 먹을 방법은 없을까 요리법
을 찾았지만 국내엔 자료가 너무 부족했다. 해외 서적에만 의존하다
피로감을 느끼던 중 미국으로 돌아가게 되었다. 미국은 국내보다 채
식의 세계가 훨씬 깊었다. 그러다 로푸드셰프 지도사 과정을 알게 되

었다. 열을 가하지 않은 채소를 날것 그대로 먹는 로푸드. 자신을 치료한다는 생각으로 공부했다.

사실 그때까지만 해도 이걸 직업으로 삼을 생각이 없었다. 오로지 자신만을 위한 선택이었기 때문이다. 몸의 변화를 경험하며 실천하는 시간 동안 다양한 레시피가 쌓여갔고 이 과정들을 일기처럼 남겨볼까 싶어서 블로그를 열었다. 지금 다시 보면 정말 정리 안 된 개인 노트 수준일 정도로 두서없이 기록했다. 그녀에게는 단순한 일기장 개념이었지만 점차 찾아오는 사람이 늘면서 방송 프로그램, 매거진, 문화센터 등에서 섭외 요청이 들어오기 시작했다. 그렇게 로푸드에 대한 강의를 시작으로 두 권의 책을 내고 전문가를 육성하는 클래스를 운영하며 살아온 지 10년이 되어간다.

그녀가 로푸드를 직업으로 삼게 된 가장 큰 이유 중 하나는 로푸드가 동양인에게는 너무 어렵고 따라하기에는 위험 요소가 존재한다는 것을 경험하고 나서다. 로푸드 자체는 서양에서 먼저 시작되었고 서양 사람들의 환경과 몸의 구조에 맞추어 작성된 이론이 대부분이다. 계절과 체구, 체질도 다른 서양의 기준은 우리와 거리감이 있다. 무조건적으로 따라하다 보면 오히려 몸을 해친다는 것이다. 그래서 로푸드는 좋은 식단이지만 100% 자신의 식단으로 만들면 위험요소가 따른다. 채식을 한다고 무조건 건강해지는 것은 아니다. 내 식단에 얼마나 포함해야 밸런스가 맞는지를 찾아가며 적용해야 한다. 또한 해외에서만 구할 수 있는 감미료나 식재료의 한계가 있기 때문에 국내 실정에 맞게 변화도 필요하다. 우리나라에는 이에 대한 자료가 턱없이 부족했기 때문에 자신이 겪은 실수를 다른 사람들이 겪지 않게 하기 위해 목소리를 내야겠다고 결심했다.

이러한 마음가짐으로 일을 하다 보니 그녀를 통해 로푸드를 경험하는 사람들의 후일담도 생생하다.

"기존 식단에서 로푸드로 바꾸고 나니 몸이 가벼워졌어요."

"나를 위해 좋은 음식을 먹고 싶어졌어요."

"하루를 시작하는 에너지가 달라지고 있어요."

변화를 경험하는 사람들이 많아지며 감사함도 느끼지만 사명감이 더 커졌다. 그리고 진정성을 가지고 사람과 음식을 대해야겠다 다짐했다. 그녀는 미국에서 간호사로 살던 삶보다 로푸드셰프의 삶에 만족한다고 한다. 의술은 아니지만 음식으로 치료하는 일을 하고 있다고 믿는다. 그녀 자신을 위한 개인 시간도 늘어나면서 그 시간을 다양하게 활용해 또 다른 레시피의 영감을 얻는다. 또한 결혼 전, 결혼 후, 출산 후와 같이 자신의 라이프가 달라짐에 따라 로푸드의 다양한 레시피가 탄생하고 있다. 지금은 한 아이의 엄마로서 유아식으로 활용할 수 있는 로푸드 레시피도 주된 관심사다. 세월에 따라 푹익어가는 자신만의 레시피들이 그녀가 일하며 움직이는 동기를 제공하고 있다.

모든 것을 기록하는 습관

좋은 식습관을 가진 사람들은 많다. 그 수많은 사람들 중 그녀가 전문가로 우뚝 설 수 있었던 것은 기록하는 습관 덕분이다. 요즘은 마음만 먹으면 자신을 표현할 수 있는 다양한 플랫폼이 있다. 자신에게 맞는 플랫폼에서 지금 하고 있는 것들을 단순하게라도 기록해둘 것을 권한다. 그 콘텐츠가 쌓여 자신에게 어떻게 돌아올지 모르는 일이다. 또한 기록하는 것을 자신만의 약속으로 정하면 하고 있는 일에 나태해지지 않고 지속적으로 움직이게 만든다.

마음의 문을 열자

로푸드를 공부하기 위해 일본, 미국 등 여러 곳을 넘나들며 남다르게 지식을 쌓아왔다고 생각했다. 그래서 초반에 자신은 남들과 다르다는 생각으로 자기 수업에만 집중했었다. 그러나 어느 날 우연히 다른 사람의 쿠킹클래스를 경험하면서 닫힌 문을 열어야 발전할 수 있다는 큰 깨달음을 얻는다. 분야는 다르지만 같은 식재료를 다루는 수업이었는데, 다른 사람의 수업에서 더 많은 영감을 얻어갈 수 있었다. 일반식을 배우면서 기존의 요리를 채식으로 어떻게 변형할지에 대한 연구 자세도 갖추게 되었다. 자신의 존재를 인정하고 자신감을 갖는 것은 좋지만 그 안에 갇혀버리면 더 좋은 아이디어가 나올 수 없음을 깨달은 것이다. 그날 이후 다양한 쿠킹클래스에 참여해보는 것은 취미 중 하나가 되었다. 쉬는 날이 되면 분야가 다르더라도 다양한 쿠킹클래스에 참여하고 있다.

자신의 병든 몸을 낫게 하기 위해 시작했던 식습관이 지금의 그녀를 만들었어요. 그녀를 두고 로푸드셰프, 로푸드작가 등 다양하게 부르죠. 우리도 우리 삶에 배어 있는 남들과 다른 자신만의 노하우가 하나쯤은 있을 거예요. 즐거움을 느끼고 지속적으로 하는 일상의 무언가가 있다면 콘텐츠로 만들어보세요. 인생을 바꾸어놓는 기회가 될지도 모르니까요.

URBAN REGENERATION

도시재생 프로젝트의
원조

박지현

🎤 익선동에 가면 항상 감회가 새로워요. 익선동의 시작이 항상 궁금했는데, 동업자와 처음 계획하신 건가요?

👤 아뇨, 지금의 동업자는 5층짜리 건물의 공간디렉팅을 하면서 만났어요. 1층부터 5층까지 한 콘셉트를 잡고 콘텐츠를 채워 넣는 일을 했었거든요.

🎤 공간을 기획하는 일을 그때 처음 경험했었던 거네요.

👤 원래는 회화과를 전공한 뒤 국내외 전시활동을 주로 했었어요. 개인적으로 삼청동, 인사동을 많이 다니면서 그 동네의 고즈넉함을 참 좋아했는데 어느 날부터 상업적으로 바뀌더라구요.

🎤 과거에는 예술가들이 모여 작업하고 소소한 한옥의 멋을 볼 수 있는 공간이었지만 지금은 덩치 큰 로드숍들이 많아지긴 했죠.

👤 당시 종로구에 재개발 이슈가 많았는데 말만 나오다 멈춰버린 곳이 바로 익선동이었어요. 한번 찾아가보니 가로등 하나 없었지만 옛날 할머니댁 같은 풍경이더라구요. 서울에 이런 곳이 남아있다는 게 놀라웠어요. 이 마을을 보존하고 싶었어요.

🎤 서울시의 지원을 받거나 누군가의 도움 없이 그냥 건물을 기획했던 것처럼 다음 주제를 도시로 잡은 거네요?

👤 맞아요. 저도 한아 씨(동업자)도 각자의 일을 하면서 기획이나 브랜딩을 해왔고 우리가 가진 능력으로 할 수 있는 재밌는 것을 만들어 마을을 지켜보자는 게 첫 시작이었어요.

🎤 그 노력 끝에 지금 익선동은 종로에서 꼭 가봐야 할 곳이 됐죠. 많은 사람들로 북적이는 걸 보면 굉장히 설레일 거 같아요.

👤 사실 만감이 교차해요. 익선동이 활성화되고 약 3년이 지난

후에야 서울시로부터 그 가치를 인정받았어요. 즐길 시간보다 힘든 시간이 더 많았던 것 같은데, 이 감정을 말로 표현할 수가 없네요.

🎤 이 프로젝트는 익선동을 끝으로 마무리되는 건가요?

👤 아니, 그렇지 않아요. 지금의 경험을 바탕으로 우리나라 곳곳에 슬럼화된 지역들을 찾아 다시 생기를 불어넣고 싶어요. 지금 2차 프로젝트를 진행하고 있는 단계예요.

🎤 저는 한 시간 내외의 방송 안에서 전하고 싶은 콘셉트를 표현하는데, 도시 단위로도 표현될 수 있다는 게 너무 놀라워요. 무엇보다 방송은 방영 시간이 지나면 그걸로 끝이지만 도시는 계속해서 살아숨쉬는 것처럼 느껴져요.

운동광인 나는 크로스핏 그룹수업에 참여한 적이 있다. 비슷한 또래의 사람들 10명 정도가 모여 주말 하루 동안 크로스핏으로 체력을 단련하고 평일의 스트레스를 해소하는 시간이었다. 그곳에서 그녀를 처음 만나게 되었다.

나는 사람을 볼 때 말투나 스며 있는 표정부터 읽는 편이다. 항상 입가에 미소를 머금고 있는 그녀는 상대방의 말을 잘 들어주는, 여성스러우면서도 소극적인 타입일 거라 생각했다. 하지만 그녀의 삶은 내 예상과 정반대였다. 당시 핫플레이스로 이슈가 되고 있던 종로 익선동을 되살린 사람 중 하나가 그녀라는 것이다. 그녀를 다시 관찰했다. 열 마디를 주고받으면 여덟 마디를 들어주고 두 마디를 하는 그녀다. 하지만 단 두 마디 속에도 확고한 신념이 가득했다. 누군가 흘려보내는 말에서도 아이디어를 얻어내는 능력에 분야는 다르지만 기획자로서 흠칫 놀라는 순간이 많았다.

그녀의 전공은 서양화였다. 순수미술을 꿈꿨고 국내외 전시를 하면서 지냈다. 아마 그때 그 '사건'이 없었다면 평생 그림만 그리는 작가로 살아갔을 거라고 한다. 어느 날 전시회에 올릴 그림을 싣고 달리다 큰 사고를 당한 사건이 있었다. 그 사고가 그녀의 인생을 바꾸어놓았다. 혼자서 아무것도 할 수 없을 정도로 큰 부상이었다. 하지만 타고나기를 가만히 있지 못하는 성격이어서 그때 역시 아픈 몸으로도 할 수 있는 게 없을지 고민했다고 한다. 평소 관심이 있던 심리학을 공부하기로 결심하고 심리치료 교수님 아래서 미술심리, 임상심리 등 다양한 심리학을 공부했다. 심리학을 공부한 것은 지금까지 큰 영향을 주고 있다. 아트디렉팅을 할 때 이야기의 기반은 대부분 인문학이며 이를 발상하고 사실적으로 만들 때 철학, 심리와 같은 지식을 바탕으로 한 시선이 굉장히 중요하다고 말한다.

몸을 회복한 뒤 그녀는 브랜딩 회사의 제안으로 그곳에서 근무했다. 브랜딩 회사는 기획팀에 의뢰가 들어온 브랜드의 상품을 정확하게 분석하여 소비자에게 새롭게 다가가는 방법을 찾아내는 일을 한다. 한마디로 브랜드의 이미지를 만들고 정보를 전달하며 구축하는 모든 행위다. 익숙한 걸 새롭게 보여주는 것은 물론 그것을 시각화하는 브랜딩 작업이 굉장히 즐거웠다. 하지만 스스로가 움직여서 하는 일이 아닌 타인이 시키는 일에 익숙해져야 하는 회사에 소속된 삶에 지루함을 느꼈다. 스스로 할 수 있는 일을 찾겠다는 한 가지 생각으로 퇴사했고 프리랜서로 활동하며 공간 프로젝트를 시작했다. 그렇게 지금의 동업자를 만나게 된 것이다.

그녀가 익선동을 처음 방문했을 때 상황은 이러했다. 서울시는 '한옥을 없애고 고층 건물로 된 세련된 도시를 만들자'는 의견이었고 그녀와 동업자는 '한옥을 활용한 도시를 만들자'였다. 색깔을 잃은 삼청동을 보며 익선동만은 그 특색을 잃지 않는 거리로 남길 원해 기획을 시작했다. 익선동은 한옥 120채로 이루어져 있다. 친절히 집을 내어준 사람들도 있었지만 대부분 빈집이었다.

2014년부터 무자본으로 시작해 12개의 브랜드를 만들어내는 동안 매장 기획, 인테리어, 운영, 마케팅 등 동업자와 단둘이 해냈다. 동네에 맛집 하나가 뜨면 주변에 비슷한 메뉴가 줄지어 오픈한다. 익선동은 이를 지양하고 카테고리가 풍부한 도시로 만들고 싶었다. 익선동에 어울릴 만한 소재가 있으면 어디든 찾아갔다. 태국 식당을 오픈할 때도 태국 현지 유명 레스토랑 셰프들의 음식을 다 맛보았다. 태국에서 메뉴 테스트를 통해 셰프님을 결정하고 한국에 모셔오기도 했다.

익선동이 임대업자들을 통해 공간을 제공받아 자신만의 특색을 만들어내는 동안 한 가지 아쉬움이 남았다. 계속해서 임대로 진행하게 될 경우 2년 뒤 재계약을 하지 않으면 브랜드는 소멸된다. 이곳에 주인의식을 가지고 콘텐츠를 담아낼 수 있는 공간이 필요하다는 생각이 들었다. 그때 눈에 들어온 게 오래된 모텔이었다. 겉으로 볼 땐 곧 허물어야 할 정도로 시간의 흔적이 깊이 남은 건물이었다. 하지만 그녀는 그 건물 옥상에 올라간 순간을 잊을 수 없었다. 옥상에 오르는 순간 옹기종기 모여 있는 한옥의 아름다운 뷰가 고스란히 한눈에 들어오는 것이다. 서울 시내에 이런 한옥 뷰를 즐길 수 있는 호텔은 없다고 생각했다. 익선동 랜드마크 낙원장의 발견이었다.

오래된 모텔을 발견한 그녀는 작은 도전을 통해 큰 반전을 일으켰다. 온라인 '클라우드 펀딩'을 통해 투자설명회를 반복적으로 매장에서 개최하고 대중에게서 투자금을 모으는 방식으로 시작했는데, 투자를 주저하던 2030대 젊은 무주택자들이 새로운 투자 형태에 거침없이 투자했다. 소액자본에 수익 분배도 분명했기 때문에 가능한 일이었겠지만 사업성에 대한 가치를 인정받았다는 데 더 큰 의미를 두고 싶다. 이 자본을 기반으로 부티크호텔 낙원장은 15명의 개별 디자이너와 협업해서 모던하면서도 유니크한 공간으로 재탄생되었다. 이 프로젝트의 과정이 익선동 하나로 끝나지 않고 수많은 거리를 기획하고 싶어지는 욕구를 깨웠다.

현재 그녀는 새로운 도시 재생을 꿈꾸고만 있지 않고 직접 실행에 나서고 있다. 슬럼화된 도시에도 아직 사람은 남아 있다. 원주민과 함께 다시 활기가 넘치는 도시를 기획하는 게 앞으로의 프로젝트 목표다. 무자본력으로 시작했지만 익선동을 성공 사례로 100억이 넘는 투자금을 유치하는 데 성공하기도 했다.

그녀의 행보는 경영학회에서도 주목하고 있다. 국내외 대학에서는 도시재생을 기반으로 한 주체적이고 성공적인 브랜딩 사례로 설명되고 있다. 도시에 생명을 불어넣는 작업이 나라의 세금이 아닌 무자본에서 계획되어 하나의 문화콘텐츠로 만들어진 것은 연구 대상이 아닐 수 없다. 이렇게 큰 성과에도 불구하고 그녀는 현재에 머무르고 싶지 않다고 말한다. 현재에 안주하는 잔잔한 삶이 좋았다면 계속 그림만 그리며 살았을 거라고. 그래서 든든한 파트너와 함께 거리를 만드는 사람으로 살아가고 있다. 한 번 이슈가 되고 사라질 거리가 아닌 지속적으로 성장하는 거리와 도시를 계속해서 만들어가는 게 최종 목표다. 수줍게 웃으며 더 많은 도시를 만들어갈 수 있기에 내일이 기대된다는 한마디가 듣는 나에게도 뜨겁게 와 닿았다. 그녀를 통해 나도 한 명의 시민으로서 가고 싶은 곳, 가서 즐길 수 있는 곳이 생겼다. '덕분에 일상이 즐거워졌어요. 앞으로도 더 많은 도시를 만들어주세요'라고 진심을 담아 전한다.

기획의 힘은 자료 조사

익선동에는 영화를 시청할 수 있는 카페 '엉클비디오타운'이 있다. 한옥과 영화관의 조화로움과 타자기로 친 듯한 흐릿한 폰트의 메뉴판 등이 특징이다. 이곳에서는 라면땅과 핫도그 같은 추억의 간식을 먹을 수 있고 오래된 영화를 빔프로젝터나 개별 모니터로 관람할 수 있다. 과거에 주말명화를 손꼽아 기다리며 텔레비전 앞에 앉아 있던 추억이 떠오른다. 이곳을 기획할 무렵, 그녀는 영화를 하루에 5편씩 한 달 내내 보는 것은 물론 영화 평론, 영화제 등 영화와 관련된 모든 것들을 직접 서치하고 찾아보았다. 간접적으로 듣고 기획할 때와 달리 직접 경험해보고 확인하며 기획을 할 때 그 콘텐츠는 살아 숨쉰다. 그리고 그 콘텐츠를 즐기는 사람에게도 생동감 있게 전달된다. 그녀가 스스로 좋은 습관이라고 꼽는 것은 '질문'이다. 그녀는 하나를 선택할 때도 타당한 명분이 나올 때까지 질문을 던진다고 한다. 그 명분을 찾는 과정이 곧 자료 조사다. 기획을 잘하고 싶다면 잡다한 지식이라도 많이 쌓아두는 것이 좋다. 그게 곧 재산이 된다.

인생도 일도 장기전

요즘 사람들은 새로운 것에 열광한다. 이를 계속 찾다 보니 생겨나는 것도 많지만 사라지는 것도 많다. 브랜드도 그렇고 이를 바탕으로 한 콘텐츠도 단발성이 될 수밖에 없다. 하지만 반대로 생각하면 지속 가능하고 장기적인 콘텐츠와 브랜드를 개발하면 지속 가능한 사람이 될 수 있다는 말이다.

장기전으로 갈 수 있는 열쇠는 무엇일까. 그녀가 말하는 것은 '이야기'다. 문화적 수준이 높아지면서 단순히 자극적인 순간의 이미지보단 스토리를 원한다. 롱런하고 싶다면 이미 장기적으로 성장하고 있는 브랜드 혹은 사람을 관찰하는 것도 좋은 방법이다. 눈에 띄는 대상이 여러 개 두고 살펴보면 오래가는 것에는 공통적인 이유가 있음을 발견할 수 있을 것이다. 그것을 어떻게 내 것으로 만들지에 대한 연구가 필요하다.

나만의 HOOK!

기획자로 살아가는 데 꼭 정해진 전공은 없는 것 같아요. 방송과 뷰티콘텐츠 기획자인 저 역시 문예창작학과와 경영학을 전공했고 도시기획자인 그녀도 서양화를 전공했죠. 내가 가장 잘하고 관심 있는 분야를 다양하게 경험하는 시간의 힘이 기획자로 살아가게 해요. 자신을 가두지 말고 좋아하는 것을 배우며 책, 여행, 문화생활 등 다양한 경험으로 자유롭게 움직이세요!

BRAND COMMUNICATION MANAGER

인생직장이 된
명품 브랜드 커뮤니케이션 매니저

김혜연

🎙 알게 된 지 5년이 다 되어가는데 이직할 때마다 해외 명품 브랜드를 거쳐 가는 것 같아요. 뷰티 브랜드 커뮤니케이션 매니저는 꿈꾸던 삶이었어요?

👤 아뇨. 우린 어쩌면 방송국에서 만났을 수도 있어요. 어릴 적부터 라디오를 너무 좋아해서 라디오 PD가 꿈이었거든요.

🎙 의외의 꿈인데요! 어린 시절이라면 언제부터 라디오에 빠져들게 된 거예요?

👤 중학교 때 13살이나 차이 나던 사촌 언니가 저희 집에서 생활한 적이 있어요. 그 언니의 취미가 라디오 듣기였어요. 함께 지내는 시간 동안 자연스레 언니 방에서 들려오는 라디오 소리

에 관심이 가더니, 어느새 이불 속에서 함께 듣고 있더라고요.

🎤 라디오 PD가 되고 싶다고 마음먹은 건 어떤 계기였어요?

👤 라디오는 TV와 달리 DJ와 직접적으로 긴밀한 소통을 한다는 느낌을 받았고 그게 곧 위로가 되더라고요. 그리고 수많은 노래를 접하다 보니 제 연령대에 알 수 없던 팝, 가요들도 섭렵하며 음악에 대한 깊이도 있어지는 것 같고요. 심신의 위로와 교양을 쌓는 라디오 프로그램의 내부 인력이 되고 싶었어요.

🎤 결정적으로 라디오 PD가 되지 않고 뷰티 업계에 오게 된 이유가 있어요?

👤 단순히 꿈을 꿀 때와 현실은 많이 다르더라고요. 저와 맞지 않는 부분을 발견했고 오히려 광고기획론을 배우면서 주도적으로 할 수 있는 다른 영역의 일을 찾게 되었어요.

그녀는 뷰티 프로그램을 제작하면서 클라이언트로 만났다. 당시 크리스찬 디올의 커뮤니케이션 매니저였는데, 첫 만남은 한 회차의 스폰서로 디올이 들어오게 되면서 전체적인 기획 방향과 구성 방안을 논의하는 자리로 기억한다. 방송을 하면서 수많은 사람들을 접했고 새로운 사람을 만나는 것에 대한 두려움도 없다. 하지만 그녀는 존재만으로 상대를 긴장하게 만들었다. 첫 인사를 나누고 명함을 주고받는데, 한마디로 쉽지 않은 상대라는 느낌이 왔다. 프로그램 의도와 전략에 대해 설명하는 내 말에 귀 기울이며 한마디씩 던지는 질문과 대답이 굉장히 예리했다. 내 주변 사람 중 가장 자신의 색깔이 뚜렷하고 뿌리 깊은 나무 같은 사람이다. 흔들림 없이 직관적인 그녀는 개인적인 조언이 필요할 때 객관적인 소견으로 좋은 멘토가 되어주기도 한다. 세계에서 우리 뷰티 시장은 가장 많은 변화를 겪고 있고 그 속도도 빠르다. 이 안에서 뚝심이 없다면 금방 다른 것에 물들어 정체성을 잃기 마련이다. 그녀가 오랫동안 이 일을 할 수 있는 것은 그녀 개인의 성향도 큰 영향력을 가진다고 믿는다. 그녀가 걸어온 길들이 궁금해 인터뷰를 제안했다.

그녀는 신문방송학과를 졸업한 후 뷰티 업계 중 유명한 대행사에 들어갔다. 그곳에서의 경험은 지금까지 큰 원동력이 되고 있다고 한다. 입사한 후 운 좋게도 뷰티 업계에서 주류로 속하는 굵직한 브랜드들의 광고대행을 맡았다. 규모가 작은 브랜드 홍보에 비해 대기업의 경우 비용은 물론 퍼포먼스의 범위도 크다. 인하우스에서 홍보를 담당할 때와 달리 외부 홍보대행사의 업무는 좀 더 개방적이었다. 제품이 출시되면 기획과 전략을 바탕으로 실행까지 옮길 수 있다. 담당하는 브랜드와 제품의 이미지, 타겟의 성향에 맞추어 다양한 채널에 전략적으로 노출해야 한다. 정말 24시간이 모자르다는 말이 적합하다. 그 당시 담당했던 브랜드들은 백화점을 제외한 홈쇼핑, 마트, 로드숍, 병원, 드럭스토어 등 모든 유통망을 다양하게 경험할 수 있었다.

대행사에서 치열하게 기본기를 갖춘 후 이직한 곳이 로레알코리아였다. 더 이상 외부가 아닌 인하우스로 들어가 홍보를 담당하게 된 것이다. 이러한 이직이 특별한 일은 아니다. 대행사에서 평이 좋은 광고기획자들은 클라이언트사나 비슷한 계열로 이직하는 경우가 많다. 브랜드 홍보에 직접 뛰어들고 싶다면 대행사에서 많은 브랜드를 경험한 후 자신에게 가장 잘 맞는 분야를 찾아 후에 커리어를 펼치는 것도 나쁘지 않다고 권한다. 인하우스의 가장 큰 장점은 여러 브랜드를 담당하는 멀티플레이어에서 벗어나 하나의 브랜드에 집중할 수 있는 점이었다. 로레알에서는 더마코스메틱 스킨케어 브랜드들을 담당했다.

그곳에서 3년을 보냈을 때 문득 든 생각이 있었다. 자신이 백화점 브랜드만 경험 못해본 것이다. 그래서 '명품' 하면 모두가 머릿속에 떠올릴 만한 3대 명품 브랜드 중 하나인 크리스찬 디올에 지원해 입사하게 되었다. 또 다른 경험이었다. 가성비 좋은 저렴한 제품들이 치고 올라와도 흔들리지 않는 최고의 브랜드라는 것을 몸소 실감했다. 명품이라 불리는 브랜드는 대부분 역사가 깊고 그 시간이 쌓아온 브랜드 스토리 역시 탄탄하다. 이미 브랜드 자체의 색깔이 분명하고 단골 소비 고객의 취향까지 완벽히 파악되어 있기 때문에 해외 지사에서 주도적으로 마케팅을 하기보다는 본사의 컨트롤 가이드에 의해 움직이는 경우가 더 많다. 주도적인 면에서는 제한적이라고 느끼기도 했다. 하지만 반대로 여느 브랜드보다 론칭되는 제품도 많고 브랜드 스토리가 워낙 풍부해 지금껏 못해본 일들을 경험해볼 수 있었다. 그리고 이미 우리나라의 몇 배로 큰 글로벌 시장에서 검증된 브랜드 마케팅 가이드를 따른다는 것은 단순히 일이 아닌 배움의 과정이 되기도 한다. 유행하는 콘셉트에 지나치게 흔들리지 않고 브랜드의 전통을 지켜가는 모습이 가장 큰 장점이자 의의 중 하나다.

디올에서 3년을 보냈고 다음 행보는 명품 쥬얼리 브랜드 티파니였다. 뷰티로 10년을 살아왔기 때문에 다른 경험을 해보고 싶었다. 뷰티나 악세사리나 아름다움을 더하는 요소인 점은 같지만 말이다. 뷰티는 속도전이었다면 쥬얼리는 여유로웠다. 고가의 제품이다 보니 캠페인도 크고 행사 비용 또한 엄청났다. PR대행사를 두고 있었지만 제품 하나당 보통 1억이 넘는 경우도 있었기 때문에 제품 수급부터 착용, 손상 체크, 반납까지 인하우스에서 해결했다. 그렇게 쥬얼리 홍보를 담당하던 중 해외 코스메틱 브랜드 크리니크로 이직하게 된다. 외국계 회사는 경력직 이직률이 높은 편이다.

빠르고 쉴 새 없이 돌아가는 뷰티 업계 속에서 이제 지쳤다고 생각한 적도 있다. 하지만 결국 자신이 관심을 두고 은연중에도 서치하고 있는 분야는 뷰티였다. 뷰티로 돌아오기 전 또 다른 경험은 지금 하는 일에 여러 영감을 주고 있다.

첫 직장이 중요해

직업을 꿈꾸는 자들에게 가장 조언하고 싶은 말을 물었다.

"처음 사회생활을 경험하는 첫 직장이 굉장히 중요해요. 앞으로의 삶은 물론 타인이 나를 판단하는 기준이 되기도 해요."

그녀는 졸업을 앞두고 대학원을 고민하던 찰나 평판 좋은 뷰티 홍보 에이전시에 입사했다. 지나고 보니 첫 직장은 굉장히 중요한 부분을 차지했다. 뷰티는 여러 직군 중에서도 가장 유행이 빠르고 예민한 시장이기 때문에 이곳에서 버틴 자들은 이직할 때 어디서든 대환영이다. 대행사를 통해 치열하게 살아온 경험은 지금도 값지게 쓰이고 있다. 현재의 경험을 통해 낳은 결실은 결과물도 좋다. 첫 직장의 직무와 성과는 다음 포지션으로 이직할 때는 물론 경력관리에도 큰 영향을 준다. 때문에 자신이 첫 경험을 하게 될 첫 직장을 선택할 때 신중해야 하며 오래 버티고 성실히 임하는 게 중요하다.

고리타분한 말일지라도 영어는 필수

외국계 회사에 지원한다면 영어는 필수 요건이다. 영어를 기본적으로 갖추고 다른 외국어까지 겸비한다면 금상첨화다. 외국계여도 오피스는 한국이니 기본적인 수준까지만 하면 된다고 생각하면 발전은 없을 것이다. 무조건 잘해야 하는 부분이다. 비록 한국은 작은 나라이지만 인구에 비해 소비가 활발하고 트렌드에도 굉장히 민감한 곳이라 세계시장을 대상으로 생각하면 영어는 필수이다. 또 근무지가 평생 한국일 것이라고 생각해서도 안 된다. 야근이 익숙한 업무강도도 인정받는 편이기 때문에 한국 직원들에게 본사 근무를 제안하는 경우가 굉장히 많다. 영어를 하지 못하면 다 날려버릴 기회들이다. 항상 기회는 예고 없이 찾아온다. 이를 위해 언어 스킬은 꼭 겸비해두길 권한다.

나만의 HOOK!

뷰티 업계에서 일하는 사람들의 화려한 행사장, 연예인과의 인맥 등 일부만 보고 멋지다고 단정 짓고 쉽고 재밌는 일이라 여기는 경우가 있어요. 하지만 어느 분야보다 여러 일을 동시에 해내야 하고 업무강도가 강해요. 기본적으로 일이 많기 때문에 좋아하지 않으면 견딜 수가 없어요. 화려함 때문에 선택하기보다 이 일을 즐기면서 하고 살 수 있겠다는 마음이 우선순위가 되어야 해요!

빌리강&제니강

X

이연진

X

김석준

X

이아리수

X

임진희

X

양수민

나만의 브랜드로
세상에
우뚝 서다

GLOBAL BUSINESS

미국 땅을 점령한
글로벌 브랜드 사업가

빌리강 & 제니강

Q 두 분은 부부이신데 공동 대표이기도 하고, 항상 함께하는 모습이 너무 보기 좋아요. 그런데 한편으로는 각자 다른 인생을 살고 있던 과거도 궁금해요.

A 저는 한국에서 대기업 IT 프로그래머였어요. 이상하게 자꾸 직장생활만 해서는 미래가 불투명할 것 같다는 의심이 들더라고요. 그 의심이 점차 커지면서 곧장 사표를 쓰고 미국에 갔었죠. 아내 제니는 패션스쿨에 다니는 유학생이었어요.

Q 두 분은 어떻게 만나게 되셨어요?

A 지인이 우리 둘을 연결해주고 싶다며 제니의 번호를 제게 줬고, 처음 전화를 했는데 3시간을 통화했어요. 대화가 끝날 것

같지 않아서 데이트 신청을 했어요. 곧바로 만나 커피를 마시고 말리부로 드라이브를 갔고… 그날 첫키스를 했는데, 내 인생에서 가장 잘한 일 중 하나예요.

🎤 만남부터 너무 로맨틱한데요! 그럼 사업은 어떻게 함께 하시게 된 거에요?

👤 그동안 정말 안 해본 일이 없었어요. 그러다 정착한 게 세일즈회사였어요. 미국의 동대문 같은 도매시장 자바시장(Jobber market)이 있는데 그 안에 있는 업체들의 옷을 대형 마켓으로 연결해주는 일이었어요.

👤 그때 저는 패션디자인 전공 후 자바시장 안에서 디자이너로 일하고 있었어요. 밑바닥부터 시작해서 기본 중에 기본은 다 익히며 살아갔죠. 그러던 어느 날 진짜 내 걸 해보고 싶어진 거예요. 그래서 빌리에게 제안했어요.

🎤 사업이라는 게 자금은 물론 시장도 잘 파악하고 있어야 하는데 먼 타국이라 쉽지 않았을 거 같아요. 더군다나 미국이잖아요.

𝗔 그때 가진 돈이 1800만 원 정도였는데 모두가 말리더라구요. 그럼에도 2평 남짓한 공간에서 테이블, 봉제기계만 두고 시작했어요. 제니는 옷을 만들고 저는 그걸 대형 마켓에 연결하는 일을 했죠.

🎤 2평이라는 작은 공간에서 시작한 일이 글로벌 브랜드가 될 정도로 성공한 거예요? 믿기지 않아요.

무더운 여름날, 배우 이시영과 제주도 여행을 계획한 적이 있다. 그녀는 미국에서 온 지인들과 하루 먼저 제주도에 가 있었고 나는 뒤늦게 도착해 그녀 옆에 선 두 사람과 마주했다. 끈적이는 더위가 달라붙는 찝찝함도 잠시, 그들의 호탕하고 시원시원한 웃음이 나를 맞아주었다. 미국에서 온 사업가라는 두 사람의 분위기는 따뜻하면서도 활기가 넘쳤다. 첫 만남에 시간 가는 줄 모르고 대화했다. 그리고 지금까지 개인적인 인연으로 이어오며 좋은 에너지를 나누는 지인으로 발전했다. 두 사람은 미국이 사업의 바탕이며 대형 본사 공장, 판매처, 글로벌 소싱 시스템을 세계 곳곳에 갖추고 있다. 또 미국 현지 오프라인 매장뿐만 아니라 잠재 고객 50만 명에 이르는 온라인 판매 사이트도 4개나 운영하고 있다. 그야말로 성공한 사업가다.

이미 성공한 사업가란 타이틀을 얻은 데다가 그들이 가진 여유

넘치는 분위기에 나는 두 사람이 타고난 부자였을 거라고 생각했다. 하지만 그들의 시작은 2평 남짓한 사무실과 지치지 않는 열정뿐이었다. 부족한 자금과 열악한 환경으로 시작해서 어려움이 더 많았다고 한다. 첫 시작은 이러하다. 제니강이 디자인 패턴을 뜨고 샘플을 만들면 빌리강은 그 샘플을 바이어들에게 보여주고 충분히 어필해 오더로 따왔다. 주문이 들어오면 생산을 하고 약속 시간 내에 배송했다. 그렇게 이뤄낸 첫 주문은 굉장히 설레었지만 많은 교훈을 준 사건으로 기억된다. 스판덱스 소재의 아동 티셔츠에 열을 가해 프린트를 넣는 작업이었는데 이때 마진에 욕심이 나 원래 크기보다 조금 더 작게 만들었더니 거래처에서 물건을 받자마자 컴플레인이 돌아왔다. 가뜩이나 작은 사이즈가 열이 가해지며 더 줄어들었던 것이다. 가장 큰 사이즈만 남기고 모두 반품해야 했다. 남은 재고는 땡처리 업체를 수소문해 원가 그대로 납품하면서 그나마 위기를 넘겼다.

그날 이후 사업에 있어서 쓸데없는 욕심은 버렸다. 하루하루 시간과 함께 경험과 노하우도 쌓여갔다. 약 1년 동안 30만 장 가까이 옷을 생산하면서 더 큰 도전을 하고 싶어졌다. 메이저 회사에 제안을 해보고 싶어진 것이다. 세일즈회사에서 메이저회사들과 일하며 쌓아둔 신뢰가 성공적인 계약을 이끌어냈다. 메이저 사업 파트너와 거래가 계속되며 두 사람은 점점 성장해나갔다. 물론 미국에서 동양인이 사업가로 살아가는 것에 대해 마냥 우호적인 분위기는 아니었다. 그들은 그들끼리 통하는 것이 있고 동양인이 그 사이를 비집고 들어가 융화되기란 어려운 일이었다. 이 환경을 읽고 빌리강은 백인 직원들을 고용해 교육했다. 그로 인해 커뮤니케이션이 편해지면서 회사의 역량도 늘어났다.

하지만 또 다른 위기는 예고 없이 찾아왔다. 2007년쯤 미국에 심각한 불황이 닥치는데 바로 리먼브라더스와 골드만삭스 사건이 연달아 터진 것이다. 두 사람도 예외는 될 수 없었다. 2007년 말 10억 가까이 되는 주문이 캔슬되었고 회사는 파산 직전이었다. 모든 것을 포기해야 하는 상황이었다. 잠도 이룰 수 없었다. 남은 돈은 3만 불뿐이었다. 다 내려놓으려는 순간 직원들 한 명 한 명의 얼굴이 머릿속을 가득 메웠다. 포기할 수 없다는 생각에 남은 돈을 가지고 2개월을 버텼다.

길게만 느껴지던 2개월이 지난 어느 날, 뜻밖의 주문이 들어온다. 2만 장이라는 적지 않은 수량의 옷을 2주 안에 만들어줄 수 있겠느냔 제안이었다. 2만 장을 만들려면 원단이 필요했는데, 당시 너무 많은 회사가 망했고 현금이 아니면 쉽사리 원단을 내어주지 않는 상황이었다. 하지만 무조건 예스맨이 되어야 했다. 절박함을 안고 수소문한 끝에 몇몇의 회사들이 두 사람을 믿고 원단을 보내오기 시작했다. 덕분에 기일을 맞춰 납품하면서 이후 주문까지 이어졌고 회사는 다시 일어날 수 있었다. 지금까지 사업을 해오면서 신뢰를 잃은 적은 없다. 그 신뢰의 힘은 가장 도움이 필요할 때 발휘된다고 믿는다. 그는 강한 어조로 말했다. "끝날 때까지 끝난 것이 아니다"라고 말이다.

두 사람이 걸어온 길을 되돌아보면 힘든 시간이 더 많았다. 보통 사람이라면 당장 사업을 내려놓았을 만한 에피소드로 가득하다. 하지만 여전히 그들은 포기하지 않고 도전하고 있다. 바로 책임감과 신념 때문이다. 그 영향은 회사에 근무하는 직원들의 존재가 보여주고 있다. 10년, 15년, 장기근무자가 대부분인 것이다. 두 사람은 함께 삶을 공유하는 직원들을 존중하며 일한 만큼의 정당한 대가를 주고 회사의 이득을 투명하게 나눈다. 그 결과 지금은 LA 내에서도 직원을 대우해주는 회사로 정평이 나 있으며 함께 일하고 싶은 회사, 끊임없이 성장하는 회사로 거론되고 있다.

시간이 준 노하우는 상당했다. 명실상부한 미국 패션 브랜드를 만들었고 다양한 사업도 하게 되었다. 현재는 한국 젊은이들이 좋은 아이디어와 상품은 있는데 판로가 없어 고민할 때 체계적인 시스템을 거쳐 미국 시장으로 인도하거나 신인 디자이너 또는 브랜드들 중 해외 시장 진출을 계획할 때 미국, 아시아 등 보유하고 있는 유통망을 활용해 길잡이 역할을 하고 있다. 갖고 있는 능력을 100% 활용해 미국은 물론 한국에도 선한 영향력을 발휘하고 있는 것이다. 여전히 그들은 멈추지 않고, 멈출 생각도 없다. 글로벌 리더로서 달라진 오늘만큼 더 달라질 내일을 확신하며 살아가고 있다.

신뢰와 퀄리티

빌리강은 사업을 할 때 꼭 가슴에 새겨두어야 할 것이 있다 말하며 이런 질문을 했다.

"누군가 내게 1억 원어치 옷을 오더했어. 일주일 뒤까지 납품하기로 했는데 실수가 생겨 그 옷을 납품하지 못하게 되었을 때, 누가 가장 손해를 본 걸까?"

보통은 원단도 사고 노동력까지 다 써버린 자기 자신이 가장 큰 피해자라고 떠올리기 마련이다. 하지만 가장 큰 피해자는 1억 원의 오더를 요청한 사람이라고 한다. 그 사람은 그 옷을 가지고 3억 원의 이익을 낼 수도 있었는데 나의 실수로 이익이 아닌 손실만 보게 된 것이다. 사업은 혼자서 하는 일이 아니라는 것을 명심해야 한다. 한 사람과의 약속을 지키는 것이 다음 거래를 만들어낸다. 그의 임무는 약속 기한 내에 좋은 품질의 물건을 납품하는 것이다. 자신이 받을 손해보다 상대의 신뢰감을 우선순위로 두는 것이 성공적인 비즈니스로 가는 지름길이 된다.

체력관리는 기본

거듭해서 강조하는 내용이다. 사업은 혼자 하는 것이 아닌 함께 하는 것이다. 대표는 이를 이끌고가는 리더 역할을 할 뿐이다. 하지만 대표인 자신이 흔들리면 회사 전체가 흔들린다. 회사가 큰 위기를 맞이했을 때 두 달간 1시간밖에 못 자면서도 버틸 수 있었던 것은 그간 해온 체력관리 덕분이었다. 체력관리로 운동은 습관이 되었고 괴로울 때마다 술에 의존하기보다는 땀을 흘렸다. 운동에 집중하다 보면 잡념이 사라지고 자신에게 집중하는 시간도 주어진다. 그래서 두 사람은 다양한 운동으로 건강을 유지하고 있다. 또한 직원들에게도 항상 건강을 당부하고 있다. 몸이 아프면 가정에 행복은 없다. 가정에 불화가 생기면 회사에 와서도 일에 집중하지 못하게 된다. 오너로서 인생의 1순위가 회사라면 더 좋겠지만 그것은 무책임한 생각에 불과하다고 한다. 대신 자신이 건강하고 온전할 때 일의 능률도 최대치로 끌어올릴 수 있다고 믿는다. 어떤 위치든 자기 자신과 그 주변을 지탱하는 힘은 건강이라는 것을 잊지 말아야 한다.

성공한 사람들의 현재 모습만 바라본다면 어떠한 발전도 없을 거예요. 두 사람의 삶을 들여다보면 성장하기 전 항상 실패를 경험했어요. 실패를 해도 다시 일어나고 회복할 수 있는 방법을 찾았죠. 반복되는 실패 끝에 누구보다 단단한 회사를 만들었어요. 실패를 두려워하지 마세요, 실패 없는 삶은 없어요. 그 실패를 어떻게 대하느냐에 따라 내 인생의 퀄리티가 달라져요.

SPACE PLANNER

세계문화유산 제주의
한 자락을 차지한 공간기획자

이연진

🎤 그동안 지켜보며 느낀 거지만 참 손재주도 좋고 예술적 감각
도 있어 보여요. 전공도 예체능 계열이에요?

👤 원래는 생명공학을 전공했었어요. 어느 날 초등학교로 실습을
나갔다가 아이들 가르치는 매력에 빠져버렸지 뭐예요. 유아교
육과로 전공을 바꾸기로 결심하게 되었어요.

🎤 제가 처음 봤을 땐 웨딩드레스 대여 업체의 대표였는데, 그 전
에 또 다른 직업이 존재했던 거예요?

👤 네, 졸업 후 전공을 살려 일반 어린이집에서 근무하다가 뒤이
어 8년간은 병설유치원에서 아이들의 선생님으로 살아왔어요.

🎙 병설유치원이면 그래도 안정적이고 미래가 보장된 직업인데 또 다른 삶을 선택한 이유가 따로 있나요?

👤 당시 재직 중이던 유치원 환경이 아이들의 생명을 위협할 정도로 위험했어요. 아이들이 입을 헹구는 수돗물에선 녹물이 나왔고 벽면은 석면가루로 뒤덮여 있었죠. 믿기지 않는 환경을 개선하려고 1년을 싸워야 했어요.

🎙 그게 맞서 싸울 일인가요? 발견했으니 개선되는 것이 아닌?

👤 유명 공립학교였지만 이런 문제가 수면 위로 드러나는 것을 극도로 자제시켰어요. 교직원들은 직장을 잃을까 봐 쉬쉬했고요. 저는 가만히 있을 수 없었어요. 아이들이 먼저였던 것 같아요. 용기를 내준 학부모들과 함께 힘을 모아 구의원은 물론 언론사까지 찾아가 이 사실을 세상에 알리게 되었죠.

🎙 그 비밀을 세상에 알려야겠다 결심할 때 안정적인 직업을 포기해야 된다는 건 감수한 거예요?

👤 네, 그렇죠. 그래도 이 힘든 일도 겪었는데 어디 가서 어떤 일

이든 못할까 하는 생각이 들더라구요.

Ⓠ　8년차였으면 이미 나이도 어느 정도 있었을 거 같아요.

Ⓐ　그때 서른두 살이었어요. 뭔가를 다시 시작하기엔 늦었다고
생각할 수도 있지만 제게 큰 걸림돌은 아니었던 것 같아요.

Ⓠ　그 뒤로 웨딩사업을 거쳐 지금은 제주도에 정착하게 된 거군
요. 지금의 삶에 만족해요?

Ⓐ　최고는 아니더라도 행복한 삶을 사는 사람이 되고 싶었어요.
그래서 지금의 삶에 만족하고 후회도 없어요.

그녀와의 인연은 나에게 특별하다. 여자라면 누구나 가지고 있을
법한 결혼의 로망을 충족시켜준 사람이기 때문이다. 결혼식을 준비
하면서 남들과 다른 특별한 웨딩드레스를 입고 싶었는데 그때 웨딩
드레스 사업가인 그녀를 만나게 되었다. 그녀는 한남동에 쇼룸을 두
고 해외에서 수입한 웨딩드레스를 대여해주는 일을 하고 있었다. 저
마다 개성 있는 드레스를 보자마자 매료된 나는 곧장 그녀와 콘셉트
를 기획했고, 촬영까지 무사히 마무리할 수 있었다. 내 인생 최고의

한 컷은 그녀의 존재감과 함께 각인되었다. 그녀는 한눈에 봐도 오밀조밀 매력 있는 이목구비의 미인이었다. 쿨한 성격의 소유자로 촬영 후 작별인사를 하면서도 그녀는 한없이 밝고 천진난만했다.

"제주도에 올 일 있어요? 저는 제주도에 정착할 거예요. 올 일 있으면 꼭 우리 집에 와요!"

거리낌 없이 자신의 집에 초대하는 그 말 한마디가 의아하면서도 기분 좋게 만들었다. 그 해 여름 제주도를 찾게 되자 자연스럽게 그녀가 떠올랐다. 안부인사 겸 전화를 걸었더니 제주에 있는 동안 자신의 집에 머무르게 해주었다. 제주라는 휴양지에 위로를 받기보다 그녀의 배려와 애정에 위로받는 시간이었다. 이후 제주에 갈 때마다 내게 고향 같은 존재가 되어주었다.

제주에서 다시 만났을 때, 이미 그녀는 웨딩사업을 접은 상태였다. 그리고 제주에 새로운 공간을 기획하고 있었다. 변화되고 있는 그녀의 삶에 호기심이 들어 하나씩 질문을 던지기 시작했다.

그녀는 아이들이 좋아서 유치원 선생님이 되었고 큰 만족감을 얻으며 살았다. 20년은 이렇게 안정적으로 보낼 수 있을 거라 안심했는데, 자신이 사랑하는 아이들이 속한 환경에 위험 요소를 발견하게 되자 견딜 수 없었다. 유치원의 어두운 이면을 세상에 알리면서 누군가에게는 영웅이 되었지만 직장을 잃었고, 투쟁에 지친 몸과 마음은 스트레스로 인해 병을 얻었다. 이제 행복하고 싶었지만 안정적인 울타리에서 벗어나 새로운 일을 하려니 두려움이 앞섰다. 그래서 가장 처음 하는 일로 익숙한 것을 선택했다. 웨딩사업은 친한 친구의 가업이었는데, 친구를 통해 아르바이트했던 경험도 많아 친숙한 분야였다.

웨딩사업을 하면서 촬영 장소로 제주도를 여러 번 방문하게 되었다. 제주에 가면 펼쳐지는 자연 속에서 몸도 마음도 위안을 얻게 됨을 느꼈다. 제주에 정착하고 싶다는 생각으로 1년 동안 관련 서적은 모두 모아 보았다. 제주도의 문화, 사람들의 특징, 성격, 음식, 생활환경 등을 공부하고 1년 동안 틈틈이 며칠씩, 일주일씩, 한 달씩 머물러 보며 완벽히 적응할 수 있겠다는 생각이 들었을 때 본격적인 이주를 준비했다.

다만 제주에 정착하려면 이곳에서 지속적으로 할 일이 필요했다. 원래 하던 웨딩사업은 작은 섬에서 하기에 어려움이 많았다. 그때 그녀는 잠재되어 있던 자신의 능력을 발휘했다. 바로 한식 셰프였던 어머니로부터 배운 능력이다. 레스토랑으로 방향을 굳히면서 스스로도 신기한 마음이 들었다. 자신은 어머니와 전혀 다른 삶을 살 것이라 생각했는데 어느새 자연스럽게 나아가고 있는 것이다. 자신이 가장 잘할 수 있는 요리들을 가지고 브런치 레스토랑을 준비하기 시작했다.

그 도전에 주변인들은 모두 반대했다. 안정적인 삶을 포기한 것도 모자라 한 치 앞을 알 수 없는 자영업을 선택하니 이해하기 어려

왔나 보다. 하지만 여러 가지 우여곡절을 겪으면서 그녀의 가치관은 달라져 있었다. 안정적인 수익이 꼭 행복과 비례하지 않으며 자주적인 삶을 꿈꾸고 좇다 보면 그것은 반드시 즐거움으로 되돌아온다는 확신으로 말이다.

브런치 레스토랑 오픈 준비는 단순히 생각만으로 시작되지 않았다. 그녀는 좋은 장소를 찾기 위해 제주의 곳곳을 관찰하고 물색했다. 1년 가까이 찾다 눈에 들어온 곳이 오래된 세탁소였다. 최대한 옛것을 허물지 않고 그대로의 멋을 살려 인테리어를 해두니 옛것과 현재가 공존하는 공간으로 주목받기 시작하여 이제는 제주도지사와 도시재생 관계자들이 찾아올 정도로 유명한 공간이 되었다. 또한 레스토랑은 장사 수단만이 아니었는데, 레스토랑에 전시 공간을 마련해둠으로써 브런치를 먹으러 온 손님들이 식사뿐 아니라 문화생활도 경험할 수 있게 했다. 이는 예술활동을 하는 작가들에겐 공간을 제공해 대중과 만나고 소통할 수 있는 창구의 역할까지 했다. 함께하는 작가의 기준은 유명세와 관계 없이 작품만 좋다면 무명작가여도 기꺼이 환영이다.

언젠가 한 무명 사진작가가 제주를 주제로 사진을 찍겠다고 찾아온 적이 있다고 한다. 그의 작품에 반한 그녀는 공간을 내어주는 것은 물론 사진 작업에 미력하게나마 도움을 주고자 노력했다. 이후 무사히 전시를 올린 사진작가는 소니에서 주최하는 세계 사진전 4위에 입상하고 지금은 유명인사가 되었다. 이 과정이 그녀는 너무 뿌듯했다. 자신이 만든 공간의 존재 이유가 확실해진 것이다. 서울에서 모든 것을 내려놓고 제주에 왔을 때, 의미 있는 삶을 살겠다고 결심했었다. 과거 강자와 맞서 싸우는 과정에서 학부모들의 지지와 위로가 있어 큰 힘을 얻었던 것처럼 자신 또한 누군가에게 그런 존재가 되고 싶었다. 그런 의미에서 그녀가 원하던 바를 조금씩 이루어가는 것만으로 레스토랑은 올바른 방향으로 가고 있다고 할 수 있다.

자신의 목소리를 내고 싶은 숨은 예술가들을 찾아 그 목소리에 힘을 실어주는 그녀의 공간은 단순히 브런치만 먹고 가는 곳이 아니다. 지금도 끊임없이 다양한 작가들과의 작업이 이루어지고 있기 때문이다. 어찌 보면 지금 그녀의 직업은 한두 개가 아니다. 레스토랑 대표, 셰프, 공간기획자, 아트 캐스팅 디렉터 등의 일을 모두 해내고 있다. 그녀의 행보는 여러 사람들에 큰 흥미 요소가 되고 있다. 제주의 옛것에 현대의 감성이 어우러져 새로운 문화를 만들어가는 것에 이목이 집중되면서 다양한 브랜드로부터 제안이 들어오기 시작했고, 그것을 활용하여 또 새로운 공간을 기획 중이다. 나는 공간기획자로서의 꿈이 최종 목적지인지 궁금했다. 나의 질문에 그녀는 당찬 목소리로 "아니요"라고 답했다. 이 생활에 안정이 찾아오면 그녀는 또 새로운 꿈을 꿀 것이다.

적당히 포기하는 자세

그녀가 제주에 정착한 후 주변 지인들로부터 가장 많이 듣는 말이 있다.

"네가 너무 부러워. 너처럼 살고 싶어."

하지만 그녀는 인생에도 기회비용이 있다고 말한다. 포기를 해야 얻는 것이 있다고 말이다. 누구든지 그녀처럼 살 수 있다. 하지만 현재의 모든 것을 가진 상태로 또 다른 안식을 얻을 순 없다. 반드시 어느 하나를 포기해야만 얻을 수 있는 게 생긴다는 것이다. 그녀 역시 제주에 올 때 안정적인 직장이라는 인생의 큰 일부를 포기했고, 3년의 시간을 후회가 아닌 희망으로 보냈다. 그녀는 자신이 얻고자 하는 게 분명히 있다면 두려워하지 말고 마음을 따라보기를 적극 권한다. 점점 나이가 들고 한 가지 일에 익숙해지면 후에 그 일이 끝나버렸을 때 앞으로의 삶이 막막해 아무것도 하지 못하는 경우가 많다. 어떤 한 가지 일에 귀속되기보다 다양한 경험과 삶을 살아보는 것은 정년이 보장되지 않는 우리 현실 사회에서는 손해 보는 일이 아니라고 생각한다.

주변의 말을 호기심으로 받아들이자

그녀의 레스토랑을 살펴보면 메뉴판에 잠시 눈길이 머무른다. 지금까지 봐왔던 익숙한 메뉴들과 거리가 멀기 때문이다. 브런치 레스토랑 오픈을 결심하며 남들이 다 아는 맛은 만들고 싶지 않았던 그녀는 해외에 나가 다양한 레시피를 배웠다. 뿐만 아니라 외국인 친구들과 여러 지인 셰프들을 조력자로 삼아 주변에서 제안하는 다양한 의견을 거부감 없이 다 받아들였다. 그리고 남들도 아는 맛을 배제하기 위해 새로운 맛에 집중하며 고민했다. 한 메뉴가 탄생할 때마다 3개월 정도는 세 끼를 다 신메뉴로 먹을 정도로 연습을 거듭했다고 한다. 때로 주변인들의 조언과 말을 가시처럼 예민하게 받아들이는 사람이 있다. 하지만 그녀는 한마디 한마디를 자신에 대한 애정으로 받아들였고, 그 노력은 손님들에게도 자연스럽게 전해졌다. 그녀의 브런치 레스토랑을 찾는 사람들은 새로운 맛이 있는 곳으로 기억하며 다시 찾아온다.

나만의 HOOK!

일정한 수익과 안정적인 직업이 평생의 행복을 주진 않아요. 그녀는 행복의 의미를 병을 얻고 나서야 깨달았다고 해요. 다치고 난 뒤에야 비로소 얻는 행복보다는 지금 내가 좋아하는 일을 먼저 발견하고 어떻게 더 발전시키면서 살아갈까를 고민하는 게 안전한 행복으로의 정주행이 되지 않을까요. 모두 그녀가 안정적인 직업을 버렸을 때 삶이 끝나기라도 한 듯 우려했지만 행복의 우선순위를 좋아하는 일로 삼은 지금의 그녀는 더 여유롭고 수익적인 면에서도 부족함 없이 살아가고 있어요. 자신의 삶에 용기를 가지세요!

Korea tea salon

한국의 고급 티 살롱을
운영하는

김석준

🎤 한 집 걸러 한 집마다 카페가 생겨나고 있잖아요. 흥하는 자도
많고 망하는 자도 많지만 대표님은 성공한 케이스죠. 창업이
라는 게 쉽지 않은데 성공적인 카페 사업을 위해 대표님이 꿈
꿔왔거나 계획하신 게 있으셨나요?

👤 전혀요. 저는 원래 자동차 디자이너가 되고 싶어서 산업디자
인을 전공했어요. 동업자인 와이프도 서양화를 전공했고요.

🎤 어떤 계기로 식음료 업계에 들어오시게 된 거예요?

👤 졸업할 때쯤 아버지의 사업이 부도가 났어요. 당시 형은 이탈
리아에서 성악을 배우느라 유학 중이었고 30년 교단에 있던
어머니는 명예퇴직을 할 무렵이었어요. 어머니의 명예퇴직금

으로 그나마 빚을 정리하고 현금 6천만 원이 남았어요.

🎙 집에서 경제활동을 할 수 있었던 건 대표님뿐이었네요.

👤 그렇죠. 원래 지금의 와이프와 유학을 고민하고 있었는데 4명의 생계를 책임질 수 있는 사람이 저밖에 없다 보니 가족의 생계를 위해 계획을 바꾸게 되었죠. 그래도 카페, 갤러리, 음식점을 항상 함께 다녔기 때문에 취향도 비슷했고 우리만의 색깔을 담으면 성공할 것 같았어요. 그래서 아트카페 잼이라는 곳으로 시작했어요.

🎙 클로리스티룸이 처음이 아니었군요!

👤 네. 첫 카페는 신진작가들과 대중이 소통할 수 있게 그들의 그림을 걸고 판매도 하며 샌드위치와 커피를 팔았죠. 줄을 설 정도로 손님이 많아서 겉보기에는 성공적인 것 같았지만 월말에 정산해보면 남는 게 없더라구요. 커피가 메인인데 샌드위치 때문에 사이드메뉴가 되어버렸었어요.

🎙 제품 경쟁력에 대한 위기였네요.

Å 콘셉트가 잡혀도 제품 경쟁력을 빼놓아선 안 된다는 것을 그 때 뼈저리게 느꼈죠. 그 뒤로 2개의 카페를 더 창업했었어요.

🎙 그 과정이 있어 클로리스가 가장 롱런할 수 있는 거군요.

Å 그런 것 같아요. 지나고 보면 의미 있는 시간들이었어요. 제품, 장소, 가격, 프로모션 등이 확고해야 한다는 것을 몸으로 부딪혀 배웠고 지금도 항상 고민하는 문제예요.

🎙 지금의 클로리스티룸만 봤을 때는 화려해 보이기만 한데 다 과정을 거쳐온 거였네요. 창업을 꿈꾸는 사람들에게는 대표님의 창업 스토리가 도움이 될 거 같아요.

　　그는 클로리스티룸 카페 주인장이다. 2003년 신촌에 처음 오픈해서 지금은 서울에 7개의 직영점을 운영하고 있는 대형 홍차 디저트 카페다. 브랜드 스스로가 직영점으로만 운영되는 곳은 흔하지 않다. 보통 조금 뜬다 싶으면 프랜차이즈가 줄 지어 생기지 않는가. 그래서 이곳의 스토리가 항상 궁금했다.

　　클로리스티룸의 장점은 어느 유럽 가정집에 온 것 같은 앤티크하고 세련된 인테리어다. 카페를 둘러보며 당연히 인테리어 업체를 통해 꾸몄을 거라 생각하기 쉽지만 미술전공자인 두 부부가 직접 도면부터 가구까지 직접 만들었다고 한다. 7개의 매장이 모두 그렇게 탄생했다. 또한 티카페답게 커피 외에 티 메뉴가 상당히 다양한데 좋은 원산지라면 어디든 가리지 않아 현재 스리랑카에 차밭을 소유하고 있을 정도로 티의 품질과 맛에 대한 집착이 대단하다. 누군가에게는 잠시 쉬었다 가는 카페이지만 크고 작은 모든 것에 창업주의 손길이 안 닿은 곳이 없었다.

내가 호기심을 가지게 된 건 그의 한마디 때문이었다.

"제가 창업했던 곳은 항상 남들이 기피하는 슬럼가에 위치했었요. 그런데 어느 곳에 있어도 완벽한 콘셉트를 갖추면 누구든 찾아오고 그곳에 사람이 모이더라구요."

창업이라는 건 어쨌든 돈만 준비되면 대박 아니더라도 중박은 하겠지라는 선입견이 무색하고 민망했다. 그가 어머니의 남은 퇴직금으로 시작한 첫 창업에서 남은 건 외적인 콘텐츠가 좋아도 제품 경쟁력이 뒷받침되지 않으면 반드시 한계는 온다는 것이었다. 그 당시 이화여대 앞에 스타벅스 1호점이 첫 오픈을 했다. 커피가 한 잔에 3천 원이라는 것은 만만치 않은 액수였다. 커피문화가 익숙하지 않을 때였고 대부분 카페는 에스프레소 머신이 아닌 커피포트를 이용해 먹는 정도였다. 하지만 비싼 가격에도 불구하고 스타벅스에 사람이 몰리기 시작했다. 메인 메뉴와 사이드 메뉴의 정확한 경계와 확실한 맛이 강점이었다.

그때 그는 커피가 아닌 홍차에 눈을 돌렸다. 차 중에서도 70~80% 지분을 차지하는 것은 홍차다. 우리나라는 생각보다 차를 먹는 사람이 많고 자원을 보유하고 있으면서도 녹차만 티백으로 마시는 게 이상하다는 생각에서였다. 그리고 세계 도시에 가면 유명 홍차 매장이 많은데 국내에는 없는 것도 의아했다. 자신이 갈 시장은 이곳이라 생각했고 가까운 일본부터 카페투어는 물론 원료를 찾으러 돌아다녔다. 차와 관련된 책을 보고 직접 사서 시향, 시음, 블랜딩을 해보며 1년 반의 시간을 투자했다.

그리고 2003년, 클로리스티룸을 오픈했다. 오픈 당시 그곳은 아무도 거들떠보지 않는 매장이었다. 냉면, 고깃집, 보드게임 카페 등 들어오기만 하면 다 망해 나가는 자리였다. 하지만 돈이 부족해서 그 자리로 선택할 수밖에 없었다. 슬럼화된 골목에서 어떻게 하면 눈에 띌 수 있을지 고민하다 유럽의 시골마을 느낌을 줄 수 있게 건물 외관을 디자인하기로 했다. 내부는 가정집처럼 꾸몄고 가구를 직접 디자인하고 만들었다. 안에서 먹는 식기들은 유럽에서 직접 공수해왔다. 그리고 직원들에게 우리는 지금부터 이 집에 살고 있는 가족이며 우리 매장을 찾는 손님들은 초대를 받고 집에 찾아온 손님이라고 수시로 강조했다. 분명한 콘셉트가 자연스럽게 영업 모델과 서비스 철학으로 자리 잡게 되었다. 하우스마인드로 임하다 보니 현재 직원 중에는 10년차 이상 된 직원들도 많다. 직원들과의 끈끈한 관계는 카페의 운영 전반에도 영향을 미친다. 신메뉴를 구상할 때만 해도 경영자 혼자서 개발하는 것이 아니라 항상 직원들과 함께 고민하고 연구한다. 핵심 메뉴 외에 파생된 메뉴들은 대부분 직원들의 아이디어다. 한 사람이 아닌 다양한 사람의 입과 손을 거친 만큼 다양한 메뉴를 가지고 있다. 때문에 티마니아들의 성지가 될 수 있었다.

차에 대한 열정은 교육사업까지 번졌다. 일과 학습병행제로 식음료 업계에서는 유일하게 고용창출에 기여하고 있다. 산학협력을 맺은 학교의 학생들에게 직접 차에 대해 교육하고 그들 중 몇 명은 정직원으로 채용하고 있다.

처음 1호점을 오픈할 때만 해도 혀를 차는 사람들이 많았다. 하지만 1년이 지나자 클로리스 1호점이 위치한 건물의 값어치부터 달라졌다. 건물값이 몇 배로 늘어난 것이다. 그때 깨달았다고 한다. 콘셉트가 잘 잡힌 창업은 단순히 식음료만 파는 것 이상으로 유동인구를 움직이고 주변 상권을 활성화할 수 있다는 것을 말이다. 이제는 장사를 벗어나 하나의 비즈니스가 되었다. 현재 그는 클로리스티룸이라는 브랜드가 가진 이미지를 다른 사업군에 확장해 대중에게 어떻게 다가갈까를 고민하고 있다.

부의 상징이며 동적인 이미지를 가진 자동차의 디자인을 꿈꾸던 미술학도는 16년 가까이 전혀 다른 삶을 살고있다. 부르는 말은 똑같은 '차'다. 하지만 지금 그의 꿈은 정적으로 오감을 만족시키는 마시는 '차'가 되었고 편안함을 주는 공간을 디자인하고 있다. 결국 그의 재능인 디자인과 새로움을 탐닉하는 아이디어가 지금의 그를 만든 것이다.

식음료 창업자는 종합 예술인

맛으로만 승부하기에는 고객들의 수준이 너무 높아졌다. 창업하기 전 아이템 선정, 매장 위치와 상권, 메뉴 퀄리티, 서비스 마인드, 위생, 인테리어, 마케팅 등 어느 하나가 휘청이면 성공과는 멀어진다. 시스템만 갖춰놓고 메뉴나 서비스 같은 운영 부분은 남에게 맡겨버린다면 그것은 남의 것이 된다. 종합 예술인처럼 다방면으로 소화해낼 수 있어야지만 이곳에서 살아남을 수 있다.

주인은 하나가 아닌 모두

신촌에 클로리스티룸이 처음 오픈했을 때, 그는 직접 손님을 맞이했다. 당시 대학가에 위치한 매장 특성상 찾아오는 손님들은 대부분 또래였다. 우리 집에 온 손님처럼 대하며 고객들과 허물없이 지내다 보니 매장과 음료에 대한 솔직한 피드백을 들을 수 있었다. 고객의 소리를 들으면서 더욱 발전해갔다. 규모가 커지면서 직접 매장에서 일을 할 수 없게 된 현재는 60여 명의 직원들을 소통 창구로 삼고 있다. 이곳의 특이한 점은 의사 결정을 대표가 하지 않는 것이다. 실제 소비자를 직접 대하는 직원들이야말로 브랜드가 변화하고 나아갈 방향을 잘 안다고 믿는다. 내부적으로 통제하지 않고 모두가 함께 소통하는 분위기를 만들어가다 보니 직원들 또한 적극적으로 참여하고 있다.

나만의 HOOK!

제가 느낀 그의 이미지는 딱 두가지예요. '긍정적인 마인드'와 '고집'. 그의 말대로 브랜드는 혼자 만드는 것이 아니에요. 나와 함께하는 사람, 나를 찾아주는 사람에게 긍정적인 마인드로 대해야 하죠. 그리고 또 한 가지 중요한 것은 자신의 아이템에 대한 확고한 고집이에요. 그 신념이 지금의 그를 만든 요소라고 믿어요. 이 두 가지 장점을 자신의 삶에 대입해보세요.

COSMETIC

이아리수

🎤 사업을 하시는 분들에게 묻고 싶은 게 있었어요. 사업을 할 때
는 명확한 계획이 있잖아요. 그래서 사업가들은 태생부터 계
획적이고 확고한 뜻이 있을 것 같거든요. 어릴 적 장래희망까
지도요.

👤 스스로의 특기를 잘 파악하고 확고한 꿈이 있었다면 좋았겠
지만 제 경우는 반대였어요. 성적에 맞추어 대학을 선택했고
부모님께서 권유한 법학과를 그냥 받아들였어요.

🎤 화장품 브랜드 대표님의 원래 전공이 법학이에요?

👤 대학에 가서야 저의 성향을 알게 되었죠. 좋아하는 것과 싫어
하는 것이 성적으로 나타나더라고요. 다 재미 붙여 할 수 있을

줄 알고 동기들처럼 고시공부도 준비했었어요. 큰맘 먹고 고시원에도 갔고요.

Q 고시 준비가 다른 길을 걷는 결정적 요인이 된 건가요?

A 어쩌면 그랬던 것 같아요. 법조계의 일은 사명감을 가져도 얻기 힘든 길이더라고요. 제겐 그마저도 부족했고 이 일을 평생 직업으로 두고 산다면 즐겁지 않은 인생이 펼쳐질 것 같았어요.

Q 전공과 다르게 살기로 결심하고 어떤 일을 했어요?

A 화장품을 좋아하고 관심이 많아서 로레알코리아에서 인턴십을 했어요. 정규직까지 제안받았지만 그 시점에 함께 지원한 제일기획도 합격해서 그곳을 가기로 결심했어요.

Q 광고에 뜻이 있었던 건가요?

A 그때 여러 친구들을 만나며 직업탐구를 했죠. 그중 가장 즐겁게 사는 친구가 제일기획 카피라이터였어요. 일에 휘둘려 살지 않는 모습이 큰 자극제가 되었어요.

Q 그때 광고 업계에서 일했던 시간은 대표님께 어떤 영향을 주었나요?

A 3년 반을 치열하게 광고시장에서 살았는데 결국 돌고 돌아 하고 싶은 것을 찾게 되더라고요. 그래도 광고 일을 하다 보니 트렌드, 타겟, 시장에 대한 분석도 능숙해졌고 경험해보지 않은 것에 대해 대담한 자신감이 생긴 것 같아요.

미세먼지, 스트레스, 자외선 등 현대인들의 피부를 괴롭히는 요인은 강해지고 있다. 이때 피부 면역력을 파괴할 수 있는 화학적 성분의 화장품보다는 자연 성분의 화장품이 더 효과적이라고 생각한다. 뷰티를 소재로 방송활동을 하는 내가 가진 신념 중 하나다. 이런 지향점이 많이 닮아 있다는 이유로 주변 지인이 그녀를 소개시켜주었다. 한 브랜드의 대표라는 직함을 굉장히 무게감 있고 어렵게 느끼며 약속 장소에 나섰다. 하지만 그 긴장감도 잠시, 몇 마디 대화 속에서 자연스럽게 그녀에게 흡수되고 있었다. 윤기 나는 긴 생머리와 피부, 우아한 분위기 속에 순수한 미소가 매력적인 그녀의 크고 작은 행동에는 상대를 위한 배려심이 배어 있었고 자신이 만든 브랜드와 제품을 대할 때도 사려 깊은 몸짓이 돋보였다. 지금까지 이런 분위기의 삶을 살아왔을 거라 생각했다. 하지만 그녀가 들려준 이야기는 전혀 달랐다.

학창 시절 성적은 상위권이었기 때문에 법대에 간 오빠를 따라 같은 길을 가는 게 가장 무난하고 자신에게 잘 맞는 길이라고 생각했다. 그땐 요즘 아이들처럼 다양한 분야를 경험하고 그 안에서 자신의 특기를 파악할 수 있는 교육환경이 아니었고 그저 성적에 맞추어 학교가 정해지고 전문직을 직업으로 삼으면 행복한 삶이 되는 줄로만 알았던 시기였다. 하지만 실상 성인이 되어 대학을 진학해보니 많은 것이 달랐다. 모범생들에게 사회가 암묵적으로 정해둔 삶의 길은 그녀가 감당하기에 너무 지루했다. 법과생이 법조계의 길을 가지 않는 것은 큰 반항이었을 수도 있다. 결심을 굳힌 건 단 한 가지 생각 때문이었다.

"제가 좋아하는 일을 하면서 즐겁게 살고 싶어요."

이 뜻을 고백하자 부모님도 그녀의 선택을 존중했다고 한다. 그녀는 자신이 꾸미기를 좋아하고 화장품에 관심이 많다는 것을 떠올리며 로레알코리아에서 인턴생활을 시작했다. 본사는 프랑스 파리였는데, 사실 당시 한국에서는 그들의 제품을 마케팅해주는 역할만 할 뿐 새로운 무언가를 기획하는 것까진 무리수였다. 또 영향력을 가질 수 없는 신입이어서 할 수 있는 게 많지 않았다. 내가 잘하는 것, 좋아하는 것을 직업화함에 익숙하지 않아서 이미 직업을 가진 친구들은 어떤지 많이 만나보았다. 생각보다 즐겁게 일에 임하는 친구들을 찾아보기 힘들었다. 그중 제일기획 카피라이터로 활동하는 친구만이 자기 일에 활기를 가지고 있었다. 로레알코리아의 인턴십이 끝난 이후 향방에 그 친구의 영향이 컸다.

정규직 전환을 마다하고 광고회사 중 가장 규모 있는 제일기획에 입사해 AE로 활동을 시작했다. AE는 한 광고 프로젝트가 진행됨에 있어 A부터 Z까지 담당한다. 광고주와 직접 접촉하는 창구이면서 광고회사 내부 팀원들과의 중간관리자 역할을 하는 것이다. 좋은 AE가 되기 위해서는 멀티플레이어가 되어야 했다. 광고주와 광고주 브랜드 제품의 시장, 소비자, 트렌드, 전략 등을 파악하는 것은 기본이며 프로젝트 전체를 조화롭게 이끄는 균형 감각도 필요했다. 머리를 쓰는 직업적 스킬뿐만 아니라 커뮤니케이션 능력도 중요했다. 광고주와 내부 부서원들이 좋은 관계를 유지하는 것도 결과물에 큰 영향을 끼친다. 우호적인 관계가 곧 뛰어난 캠페인을 탄생시킬 수 있다. 자연히 인간 이아리수로서의 삶보다는 광고회사 AE로서의 역할이 우선이 되었다. 또한 광고회사는 숙명적으로 클라이언트와 수직관계일 수밖에 없다. 당연한 일이지만 이로 인한 업무 스트레스를 피할 수 없었다. 당시 한 선배의 말을 잊을 수 없다고 한다.

"직장생활의 8할은 억울함을 견디는 일이다."

그때는 이 말을 이해하지 못했다. 치열하게 살고 인정받고 싶은 마음이 먼저였지만 현실은 녹록지 않았다. 사회초년생으로서 사회생활의 벽을 절실히 깨달은 후에야 그녀는 비로소 알았다. 행복하고 즐거운 삶은 스스로 하고 싶은 일을 할 때 완성된다는 것을 말이다.

결국 돌아보니 대학 입학 때부터 약 4년의 사회생활은 자신의 뜻이 아닌 남들의 말에 홀려 흘려보낸 시간이나 다름없었다. 그녀가 자신의 삶을 개척하기로 마음먹었을 때 가장 하고 싶다고 생각한 일은 역시 뷰티와 관련된 일이었다. 퇴사와 함께 곧바로 라스베이거스로 떠났다. 세계 유명 뷰티박람회가 열리는 그곳에서 브랜딩 잘된 좋은 제품을 수입해와서 유통하는 게 목적이었다. 당시 소셜커머스가 떠오르면서 한국의 뷰티 업계는 가격은 낮고 대용량의 가성비 좋은 제품들이 성행하는 반면 해외에서는 럭셔리 자연주의 뷰티 브랜드들이 많았다. 그 사이에서 그녀는 자신이 가야 할 방향을 찾았다. 국내에서 제품력 있고 가격 경쟁력도 완벽한 자연주의 브랜드를 론칭하는 것이 목적이 되었다.

K뷰티는 유행하는 성분이 나오면 수십 개의 브랜드가 그 성분으로 유사 제품을 출시한다. 어떤 브랜드는 트렌드에 맞추어 제조사에서 주는 샘플을 테스트해보고 거기에 자신의 콘셉트 성분만 가미해 쉽게 제품을 완성하기도 한다. 그녀는 유행에 따라가지 않았다. 트렌드보다는 디테일을 꼼꼼히 체크했다. 성분, 제형, 품목 등을 구상한 뒤 초기 단계부터 연구소에 연구원을 직접 찾아가 끊임없이 커뮤니케이션했다. 때문에 더 많은 실험을 하게 되었고 모든 것이 만만치

않은 비용을 필요로 했지만 이 과정에서 완성도 높은 제품을 탄생시킬 수 있었다. 여기엔 몇 개월을 몰두해 만든 제품일지라도 제품의 퀄리티와 매력도가 떨어지면 과감히 출시를 포기하는 고집도 있었다.

그녀가 브랜드 대표이자 제품 개발자로 살아온 지는 7년이 다 되어간다. 자연주의 뷰티 브랜드 대표로서 가장 보람을 느낀 순간은 해외에서였다. 우리 소비자들은 스마트하면서도 유행에 굉장히 민감해 다양한 제품을 써보길 원한다. 반면 해외 소비자들은 유행보다는 한번 자신의 피부에 맞는 제품을 찾으면 충성도가 높은 편이다. 아무런 광고도 하지 않았지만 제품을 써본 해외 소비자들의 솔직한 리뷰가 선순환으로 이루어지면서 꾸준히 입소문이 나고 좋은 피드백을 받고 있는 것이다. 이런 보람과 즐거움이 있었기에 고품질의 제품을 정직한 가격으로 제공하겠다는 마인드를 변함없이 유지할 수 있었다.

최근 그녀의 관심사는 피부에서 라이프로 뻗어나가고 있다. 좋아하는 것을 탐구하기를 멈추지 않고 있기 때문에 목표는 계속해서 생산되고 있다. 자기가 좋아서 하는 일이 혼자만을 위한 것으로 끝났다면 그냥 흔한 취미로 남았을 것이다. 하지만 그녀는 좋아하는 것을 제품화하고 타인에게 다가가는 과정을 통해서 자신만의 직업으로 만들었다.

심플라이프

그녀에게 인생의 기회가 된 터닝포인트를 물었을 때 내게 돌아온 말은 이렇다.

"내가 이 말을 하면 상대가 어떻게 생각할까? 날 싫어하지 않을까? 이런 생각을 늘 했어요."

자신을 향한 남의 시선을 의식하며 살아왔다는 그녀. 그렇다고 타인의 마음을 100% 알게 되는 건 아니었다. 그 시선 안에서 자신을 지키려는 욕심만 앞섰다. 그 욕심은 인간관계에 상처를 남겼고 사업을 할 때 부정적인 상황을 초래하기도 했다. 삶을 대하는 태도에 변화가 필요하다는 확신이 들었다. 타인의 시선에서 벗어나 모든 것을 단순화하려고 마음을 먹었다. 그 결과 과거 인생을 뒤흔들었던 일들이 대수롭지 않게 느껴졌다. 후회보다는 변화의 원동력이 되었다. 모든 것을 편안한 시선으로 복잡하지 않게 바라보려고 노력하자 자연스럽게 눈앞의 일에서 한걸음 벗어나 제3자의 시점에서 바라볼 수 있었다. 이 영향은 7년 동안 큰 변화 없이 안정을 추구하던 경영마인드에서 확장성을 갖게 했다. 생각은 단순해졌지만 얻는 것은 더 늘어나고 있었다.

나만의 HOOK!

그녀가 직업을 단순히 돈 버는 수단으로만 여겼다면 법조계
종사자, 해외 명품 브랜드 담당자, 대한민국 최고의 광고기업
광고기획자 중·하나가 되었을 거예요. 하지만 앞으로 자신이
살아갈 삶과 시간에 대한 애정을 '즐거움을 찾는 것'에서 시작
했어요. 그런 그녀는 늘 좋은 에너지를 타인에게 전달해줘요.
남이 정해준 성공의 길을 걸으며 타의에 의해 살아가는 사람
은 이 에너지를 가질 수 없겠죠. 직업이 있어도 희미한 에너
지를 가진 삶을 살기보다 활기 띤 에너지를 남기는 사람이 되
기로 결심해보는 건 어떨까요. 그 계획이 곧 실천을 부를 거
예요!

INDOOR GARDENING

마음을 움직이는 취미, 인도어 가드닝 전문가

임진희

Q 에디터님! 매거진을 떠났다는 소식을 들었는데 사실이에요? 뷰티에디터로 오래 활동해오신 걸로 알고 있었거든요.

A 맞아요. 10년을 뷰티에디터로 살아왔죠.

Q 아직도 실감이 안 나요! 뭔가 계기가 있었던 건가요?

A 매거진이 인쇄물에서 모바일의 형태로 자리 잡기 시작했어요. 그런데 모바일 사용자들은 저보다 10살은 어린 친구들이 대부분이다 보니 그들의 감성 충족에 한계를 느꼈어요.

Q 그래도 한 분야에서 10년을 일했는데 새로운 길을 선택한다는 건 엄청난 용기인 것 같아요. 순간적인 판단이었나요? 아

니면 따로 계기가 있나요?

  30대 초반에 인문학 모임에 들어가게 되었어요. 그곳에서 자신이 좋아하는 일을 직업으로 만들어 살아가고 있는 친구들을 만나게 되었는데, 그때부터 앞으로 뭘 해야 할지 나 자신에 대한 고민을 시작하게 되었어요.

  조직생활을 하다 혼자 1인 기업을 운영하게 되었는데 어려움은 없나요?

  이전에는 365일 중 360일을 일에만 매달려 살고 정해진 시간표대로 살았다면 자유분방하게 일한다는 건 때때로 시간이 숙제처럼 느껴지기도 해요. 그래도 좋은 게 더 많아 후회는 없어요. 가끔 화분이나 식재 운반 등 육체 노동까지 멀티로 혼자다 해야 해서 체력적으로 버거울 때도 있지만요.

  시간에 쫓기며 바쁜 건 예전이랑 똑같네요. 그래도 한 가지 달라진 게 있어요. 분위기에서 훨씬 안정감이 느껴져요.

몇 해 전 기존과 다른 새로운 방식의 뷰티 프로그램 제작 의뢰가 들어왔다. 단순히 연예인이나 모델이 제품을 들고 설명하는 방식에서 벗어나 뷰티 업계의 주요 관계자, 관련 종사자들과 '진짜 뷰티'를 논하는 취지의 프로그램이었다. CJ E&M의 주관으로 당시 계열사였던 매거진 '퍼스트룩'의 에디터가 진행을 맡았는데 그게 바로 임진희 그녀였다. 카메라 앞에서 각 분야 사람들의 의견을 정리하며 프로그램을 이끌어가던 열정적인 모습이 매력적이었다. 그랬던 그녀가 매거진을 나와 인도어 플랜트(indoor plant) & 가드닝(Gardening) 사업가로 변신했다는 소식에 놀라지 않을 수가 없었다.

그녀가 있는 곳은 매일같이 치열하게 트렌드를 논하던 상암이 아닌 조용하고 한적함이 내려앉은 체부동이었다. 오래된 주택을 개조한 이곳은 다양한 1인 문화기업가들이 모여 편집숍 겸 클래스를 운영하고 있었다. 이른 아침부터 찾아갔음에도 피곤한 기색 없이 생기 넘치는 미소로 날 맞아주었다. 그리고 그녀가 들려준 이야기는 내게 반전으로 다가왔다.

그녀의 10대 시절 최고의 낙은 패션잡지를 보는 것이었다. 매달 새 잡지가 나올 즈음이면 누구보다 먼저 서점에 달려갔고 언젠가 잡지에 자신의 이름을 올리는 게 꿈이었다. 패션잡지사에 들어가기 위해서는 패션을 전공해야 한다는 생각으로 진로를 정했다. 하지만 패션잡지사의 공채가 생각보다 잘 나오지 않아서 패션과 늘 유기적인 관계에 있는 뷰티 쪽의 일을 하게 되었다. 그중에서도 광고 AE의 일을 시작했는데, 광고 AE는 'Account Executive'의 약자로 광고주(클라이언트)와 소속 대행사(광고회사)의 중간에서 서로를 대변하며 광고의 원활한 진행을 유도하는 역할을 한다. 예를 들어 A 브랜드의 제품을 담당하게 될 경우 A사의 상품과 서비스를 브랜드 가치로 잘 포장하여 소속 대행사가 진행할 수 있는 광고의 방향을 광고주에게 제시한다. 이후 광고주가 그 기획에 동의하여 광고를 수주받으면 그때부터 AE는 그 광고의 제작과 노출 또한 담당하게 된다.

그렇게 하나의 브랜드를 담당하다가 시장의 흐름과 트렌드를 알리는 뷰티 매거진 에디터로도 활동하게 된다. 매거진 시장의 변화기를 경험하면서 그녀는 자신의 삶에 대한 장기적인 고민을 하기 시작했다. 37살, 꿈을 꾸기엔 다소 늦었다고 느껴질 수 있는 나이였기에 좀 더 구체적인 목표를 찾아야 할 것 같았지만 마치 길을 잃은 것처럼 아무것도 떠오르지 않았다. 방황하는 마음을 다잡기 위해 새로운 무언가가 필요했던 그녀는 플랜트 클래스를 신청한다. 30년째 조경 및 꽃 사업을 이어오신 부모님 덕에 식물은 익숙하면서도 편안함을 주는 존재였기에 취미 삼아 플랜트 클래스를 듣기 시작한 것이다. 그런데 취미가 점점 손에 익다 보니 전문가 과정까지 도전하게 되었고, 그 끝에 자신의 목표를 찾게 되었다.

이제 그녀의 이름 뒤에는 에디터가 아닌 대표라는 직함이 붙어 있다. 트렌디한 제품, 광고주의 니즈와 눈 돌아가게 씨름하던 그녀의 삶이 이제는 아무 말 없는 식물과 정적 속을 함께한다. 육체 노동의 강도는 높아졌지만 식물과 교감하면서 정서적인 안정감은 더 커진 셈이다.

대부분의 사람들은 식물을 물건처럼 바라보는 일이 잦다. 일주일에 한 번 물만 주면 된다거나 볕이 잘 드는 곳에 두면 알아서 자란다거나 심지어 미세먼지나 건조한 집에 좋은 공기청정기 또는 가습기쯤으로 생각하더라는 것이다. 하지만 오랫동안 식물을 대하다 보면 식물도 하루하루 컨디션이 달라지는 살아 있는 존재임을 체감할 수 있다. 그녀는 가꾸는 사람의 자세에 대해서도 다시 생각하고 자신의 식물을 아끼는 마음으로 대하고 있다.

최근에는 클래스를 통해 수강생들과 직접 소통을 시작했다. 비록 작은 소품을 만드는 클래스이지만 생각보다 많은 분들이 참여해주어 보람도 느끼고 있는데, 특히 일상에 지친 사람들이 클래스를 통해 식물을 만지고 디자인하며 감정적으로 위로받았다는 말은 잊을 수 없는 기억이다. 그리고 자신의 손길을 거친 식물이 누군가에게 정성 어린 선물이 된다는 점에서도 스스로 치유받는 기분을 느낀다. 이런 심리적인 부분은 사실 그동안 살아온 자신의 삶을 반증해주는 것이라고 생각하고 있다. 다양한 콘텐츠로 사람들의 마음을 움직였던 경험이 단순 판매 이상의 의미를 만들어준다고 말이다.

그때의 경험이 지금의 경험을 만들어주었듯이 자신의 기획력을 플랜트숍에 적용하여 다양한 가드닝 프로젝트를 진행할 예정이다. 그녀의 최종 목표는 살아 있는 사람과 살아 있는 식물이 가까워질 수 있는 계기를 진부하지 않게 다양한 콘텐츠로 만들어내는 것이다.

오랜 시간 일한다고 업무성과가 높진 않아

나를 소개하고 표현할 때 직업을 버릴 순 없다. 그렇다 보니 직업적으로 인정받기 위해서 자신의 시간을 전부 다 쏟아붓는 이도 많다. 그녀 역시 그런 케이스였다. 1년 중 대부분의 시간을 자신이 아닌 직장을 위해 쓸 정도였으니깐 말이다. 왜 일은 해도 해도 줄지 않는지 지쳐갈 무렵 우연히 사내 동호회에 들어가 테니스를 치기 시작했다. 일은 시간을 투자하는 만큼 성과가 좋다고 생각했었는데 같은 조직에 있던 사람들과 함께 땀 흘리고 소통하며 다양한 대화를 나눈 뒤 생각이 바뀌었다. 테니스 공을 주고받는 것뿐만 아니라 자신들의 고민을 공유하기도 하고 각자의 포지션 안에서 함께할 수 있는 일도 논의하며 새로운 프로젝트를 더 많이 기획하게 되었다. 자신의 시간을 오롯이 일에 다 투자한다고 해서 능률과 성과가 오르는 것이 절대 아니다. 시간을 다양하게 활용하면 그 안에서 얻을 수 있는 영감이 훨씬 많다.

다양한 활동 구상 실험

식물이 좋아 이 분야를 고민한다면 그 고민의 범위를 넓혀볼 것을 추천한다. 그녀는 단순히 꽃집 사장님이 될 것이라면 이러한 인생의 변화를 맞이하지 않았을 것이다. 식물은 존재만으로 공간의 분위기를 좌우한다. 그녀는 자신의 경험을 살려 식물과 공간이 어우러지도록 컨설팅해주는 활동으로 발전시켰고, 식물을 통해 어떻게 사람을 치유할 수 있을지에 대해서도 고민하면서 다양한 클래스를 기획하고 있다. 내가 좋아하는 하나의 분야만 생각하는 것보다 적용 가능한 여러 분야를 관찰하고 찾아보는 것도 하나의 방법이 될 수 있다.

나만의 HOOK!

지금 현재 속해 있는 직업에 피로감을 느껴서 벗어나고 싶은가요? 다시는 쳐다보고 싶지도 않고 아예 등 돌리고 싶은 이유 때문에 그만둔다면 다시 생각해보세요. 지금의 경험은 반드시 보상으로 돌아와요. 그리고 다른 꿈에 도전하게 되더라도 지금의 경험들을 버리지 말고 꼭 살리세요!

JEWELLERY DESIGNER

남다른 스웨그를 뽐내는
쥬얼리 디자이너

양수민

Q 대표님, 쥬얼리 디자이너는 금속공예를 전공해야 할 수 있나요?

A 금속공예를 전공하면 좋은 점도 있겠지만 정답은 아니에요. 저 역시 타전공이었는걸요. 어머니를 따라 의상디자이너가 되고 싶었고 그림을 전공하면 더 깊이 있는 디자인이 나올 거란 생각에 서양화를 전공했어요.

Q 그럼 처음부터 쥬얼리를 목표로 한 게 아니네요?

A 의상디자인에 대한 꿈은 확고해서 국내외 패션 브랜드 디자인팀 몇 군데를 경험했었죠. 그런데 생각했던 것과 다르게 새로운 디자인을 하기보다는 기존 명품 브랜드 디자인에서 스타일만 바꾸는 변형의 형태가 많더라고요.

Ｑ 그럼 다른 디자인 분야를 찾다 쥬얼리 쪽으로 눈을 돌리게 되신 거예요?

Ａ 쥬얼리는 의상의 일부 아이템이기도 하잖아요. 보석에 대해 더 공부하면서 쥬얼리 디자인에 관심을 가졌어요. 그런데 현실은 금속공예 전공자 우대가 대부분이더라고요. 쥬얼리 회사에 입사는 했지만 처음부터 디자인 업무를 할 순 없었고 홍보팀에서 먼저 일하는 조건으로 시작했어요.

Ｑ 디자인 일이 아닌데 만족할 수 있었어요?

Ａ 저는 창의적인 일을 하고 싶었는데 금속디자인도 결국 의상디자인과 현실은 비슷하더라고요. 하지만 의외로 홍보팀에서 제품이 나올 때마다 새로운 홍보, 대외적인 행사, 기획 등 크리에이티브한 일을 하는 거예요. 행사 때 고객도 직접 만날 수 있고 트렌드를 읽다 보니 디자이너들에게 소스를 주는 역할도 할 수 있어서 스스로 만족감을 찾아갔던 것 같아요.

Ｑ 홍보팀에서 생각보다 많은 것을 배울 수 있었네요. 그럼에도 회사를 나와서 개인 브랜드를 론칭하게 된 계기가 따로 있어요?

Å　디자인, 기획, 마케팅 등을 하다 보니 자신감이 생기더라고요. 남의 것이 아닌 내 것을 만들고 싶었어요. 내가 직접 디자인하고 그게 제품화되면 더 많은 활동을 자유롭게 할 수 있겠단 생각이 들더라고요.

Ɋ　하지만 막상 사업을 시작했을 때 힘든 점도 있었을 것 같아요.

Å　순탄했다면 거짓말이겠죠. 이제 6년차예요. 너무 힘들었지만 천천히 조금씩 발전하며 이끌어가고 있어요.

Ɋ　포기하고 싶거나 후회한 적은 없어요?

Å　제가 선택한 일이고 또 가장 하고 싶었던 일을 찾았기 때문에 책임이 따라야 한다고 생각해요. 후회보다는 하루하루 버티면서 목표를 설정하고 이루기 바쁜 거 같아요.

　　그녀는 쥬얼리 브랜드의 디자이너 겸 대표직을 맡고 있다. 처음 마주했던 그녀의 모습이 잊히지 않는다. 작은 체구에 청순함이 묻어나는 미모와 여리여리함은 사업가라는 이미지와 쉽게 매칭이 되지 않았다. 하지만 일할 때의 모습은 기존의 분위기와 사뭇 달랐다. 그녀는 누구보다 지치지 않는 열정을 가지고 있고 조용한 카리스마를 지닌 리더였다.

브랜드 '엠스웨그'는 시크한 감성으로 아티스트적인 디자인이 돋보이는 아이템 브랜드다. 쉽게 쓰고 버리는 악세사리의 개념이 아닌 그 자체로 굉장히 독보적인 멋을 지녔다. 이곳의 모든 제품이 그녀의 손끝에서 탄생하고 있다는 것은 늘 호기심을 자극했다. 특유의 멋으로 한지민, 민효린, 임수정, 유인나 등 트렌드 리더라 손꼽히는 다양한 스타들이 애정하는 브랜드이기도 하다. 그녀와 대화를 나눠보면 항상 열정이 가득하고 트렌드, 아이템, 디자인에 대해 기민한 감각을 가지고 있다고 느낀다. 때문에 그녀의 시작이 패션디자인에서 패션 PR까지 거쳤다는 경험담은 생소하게 느껴졌다.

어릴 적부터 디자인에 대한 꿈은 확고했다. 그 열망은 끝내 그녀를 사업가로 만들었다. 스물아홉 살 때 스스로를 돌아보자 디자인에 대한 업무, PR 및 인맥 등을 갖춘 상태였다. 하나의 브랜드를 이끌어나갈 무기들은 다 갖추었기 때문에 사업을 하지 않을 이유도 없었다고 한다. 특히 당시 일하던 PR회사가 작은 중소기업이었는데 근무조건, 환경, 복지에 있어서 원하는 수준을 기대하기 어려웠다. 업무량도 상당했고 직장 상사의 개인적인 일까지 업무로 떠맡아야 했다. 이대로 몇 년을 버텨도 삶은 나아지기보다는 제자리일 것 같다는 생각이 들어서 자신의 길을 개척해나가기로 했다. 사업을 시작하고 힘든 순간이 올 때마다 다시 직장으로 돌아가야 한다는 생각을 했다. 그 패배감을 겪고 싶지 않다는 일념으로 버텨냈다. 지금에서야 하는 이야기지만 사실 사업은 열정만으로 다 완성할 수 없다고 한다. 정신적, 육체적인 강도도 회사원일 때와는 차원이 다르다.

지금도 그녀는 제품 디자인, 제작, 마케팅, 협찬 등을 홀로 해내고 있다. 그래도 예전보다는 훨씬 나아진 것이, 첫 사업을 시작할 땐 제대로 된 사무실조차 없었다. 그래서 홍보관계자와 스타일리스트들의 활동지인 압구정과 신사동 일대의 카페에서 시간을 보내며 대기하는 틈틈이 제안서를 만들고 관계자들에게 자신을 어필했다. 차량도 없었기 때문에 대부분 대중교통을 이용해서 협찬 물품을 전달했다. 비나 눈이 오는 궂은 날씨에도 도보와 버스를 이용했다. 당시에는 택시비도 사치였기 때문이다. 카페 한곳을 온종일 사무실처럼 쓸 수도 없어서 이곳저곳을 방황하기 일쑤였다. 절실함과 열정으로 중무장한 지 1년쯤 되었을 때 압구정 로데오에 쇼룸을 오픈했다. 그날의 기쁨을 그녀는 잊을 수 없다. 보이지 않는 안정감이 밀려오며 자신만의 울타리가 생긴 느낌이었다.

사업이란 길은 고속도로보다는 비포장도로를 달리고 있다는 표현이 더 정확하다. 그 길 위에서 방향을 잃을 뻔했던 시간도 있었다. 자신의 머릿속에서 디자인을 상상하고 제품으로 구현하기까지, 예술과 사업의 경계에선 혼란이 오기 마련이다. 대부분 디자이너들은 누군가와 회의를 거치고 제품화하는 것이 아닌 자신만의 직관과 감각으로 컬렉션을 준비하고 그 결과물을 만들어낸다. 이 과정에서 누구나 버릇처럼 생기는 게 있다. 자신을 특별 취급하는 습관이다.

'내 쇼핑몰은 일반 쇼핑몰과 달라.'

'우리 제품은 싸구려가 아니라 아무한테나 협찬할 수 없어.'

이 과정에서 대부분 자신만의 세계에 갇히는 경우가 많다고 한다. 그녀 역시 그랬다. 그녀의 든든한 조언자는 사업가인 아버지인데, 몇 달을 고심해 만든 제품이 다섯 개밖에 팔리지 않았을 때 아버지가 한 말은 충격적이었다.

"제품 디자인은 훌륭해. 하지만 다섯 명의 마음을 사로잡겠다고 브랜드까지 론칭한 거니?"

그 말에 가슴이 철렁하면서 자신을 다시 바라보게 되었다고 한다. 본래 사업을 시작하게 된 계기는 보석으로 예술작품을 만들어보겠다고 한 것이 아니다. 모두가 소비하고 싶어 하는, 대중적인 제품을 만드는 게 목적이었다. 지나치게 디자인에 집착하다 보니 명분을 잃어가고 있던 것이다. 이후 몇몇 개인의 기준에 맞춘 쥬얼리가 아닌 다수를 대상으로 두고 디자인을 했다. 쇼룸을 찾는 고객들의 말에도 귀 기울여 디자인에 반영했다. 그리고 하나의 브랜드를 추가로 론칭했다. 요즘 대중은 고가의 제품을 선호하기보단 저렴하더라도 트렌드에 맞고 다양한 제품을 매일 다르게 착용하는 것을 더 선호한다.

메인 브랜드는 무거운 느낌의 디자인이라 한정적이었다면 추가로 론칭된 브랜드는 이러한 한계에서 벗어나 데일리로 다양하게 착용할 수 있는 가벼운 아이템 위주로 선보이고 있다. 시장의 트렌드와 대중의 소비 습관을 읽고 나니 훨씬 반응이 좋았다.

다른 사업가들에 비해 성과를 내는 시간은 조금 느리다. 하지만 주변을 충분히 살펴가며 조급함 없이 천천히 조금씩 발전하는 만큼 큰 타격이나 손실을 경험하는 일도 없다. 그래프로 표현하자면 단기간에 상승 그래프를 훌쩍 찍은 적은 없지만 바닥으로 떨어진 적도 없다. 6년간 쇼룸을 운영해오면서 주변에 수많은 브랜드가 생겨나고 없어졌다. 하지만 여전히 그녀는 버티고 있다. 그녀가 버틸 수 있었던 힘은 고객이다. 자신의 브랜드 제품을 어필할 때 가장 자랑하고 싶은 것은 유명 연예인 협찬 사진이 아니다. SNS 속 수많은 일반 고객들의 일상에서 반짝이는 자신의 제품을 발견할 때 가장 자랑스러우며 기쁨도 두 배가 된다. 그 고객들이 곧 그녀의 뮤즈가 되어 제품을 탄생시키기도 한다. SNS를 통해 대중의 취향, 선호하는 디자인 등을 파악해 최대한 쥬얼리에 반영한다. 혼자만의 세계에서 만들어낸 결과물보다 고객들을 뮤즈로 삼고 디자인을 했을 때 결과에 대한 피드백이 훨씬 좋다. 이런 식으로 브랜드를 운영하고 성장해오면서 이제는 매출의 몸집도 커졌지만 그녀는 성급하게 변화를 꿈꾸지 않는다. 지금까지 그랬듯이 느림의 미학이 더 큰 결실을 맺게 해줄 거라 믿기 때문이다.

내 사업은 하나부터 열까지 스스로!

대표는 자신의 사업이 운영될 때 회사에서 일어나는 모든 일들을 반드시 경험해봐야 한다. 분야별 담당 직원들을 믿고 맡기는 자세도 필요하지만 어떤 일을 하고 있는지에 대해 명확히 읽을 줄 알아야 보고 받았을 때도 상황을 정확히 판단할 수 있기 때문이다. 특히나 사업이라고 하는 것은 자신의 생계까지 걸고 시작하는 일이다. 그런데 거기에 소홀해 돌아가는 상황을 완벽하게 이해하지 못한다면 막대한 손실이 발생한다. 업무량이 많더라도 전체를 컨트롤할 수 있는 능력과 책임감을 가지고 시작해야 한다.

'쥬얼리 업계' 꼭 전공자가 아니어도 괜찮아

쥬얼리 분야에서 전공자를 우대하는 것은 테크닉적인 부분 때문이다. 하지만 이 부분은 그녀의 경험에 의하면 6개월 정도 실무를 하다 보면 충분히 얻어낼 수 있는 부분이라고 말한다. 결국 승부수는 '창의적인 생각'이다.

"꿈이 뭐예요?"라고 물으면 "회사 대표요!"라고 말하는 학생들을 만날 때가 있어요. 어떤 이유 때문이냐고 물으면 이런 대답들이 돌아와요. 좋은 아이템이 있어서, 직장 내 상하 관계에 얽히기 싫어서, 또는 리더십, 돈 관리에 자신이 있어서 등 자신의 단면적인 장점을 내세우기도 해요. 하지만 한 회사의 대표가 되기 위해서는 일부 능력과 선호도를 고려하기보단 만능 엔터테이너가 되어야 하지 않을까요. 아이템 기획, 판매, 유통, 홍보, 마케팅 등에 대한 경쟁력을 갖추었을 때 움직여야 실패 확률을 줄일 수 있으니까요.

이보영

X

조영욱

X

김태한

X

JOY

X

장유민

콘텐츠의
마법사들

PD

아이돌 뮤직비디오부터 라면 CF까지, 잡식성 PD

이보영

🎤 피디님, 우리가 만든 프로그램 〈뷰티, 촌에 가다〉의 영상미가 뮤직비디오 한 편을 보는 것 같다고 주변에서 말해주더라구요.

👤 제가 뮤직비디오 출신이라 그런가? 재미만 주는 그림보다는 시각적인 영상미나 음악과 융합되었을 때의 그림을 많이 고민하긴 했죠.

🎤 피디님 첫 시작이 뮤직비디오였어요?

👤 이야기 안 했나요? 싸이 〈강남스타일〉, 엑소 〈으르렁〉, 〈늑대와 미녀〉, 에프엑스 〈피노키오〉, 소녀시대 〈댄싱퀸〉 등 뮤직비디오 PD로 다양하게 작업했었어요.

🎤 맙소사! 전혀 다른 분야라서 놀라워요. 며칠 전엔 오뚜기 라면 광고 촬영했다고 하지 않았어요?

👤 네, 배우 장동건과 작업했어요. 광고 시장에 자리 잡은 지도 꽤 시간이 흘렀네요. 뷰티, 식음료, 패션 등 편식하지 않고 다양하게 작업하고 있어요.

🎤 생각보다 직업이 너무 다양한데요?

👤 한 평론가가 말하더라고요. 사람들은 직업을 명사형으로만 생각하는데, 그보다는 동사형으로 바라보고 꿈을 꾸라고. 저는 제 직업을 대할 때 그렇게 하고 있어요. 그러다 보니까 다양한 일을 하게 되고 새로운 경험들이 생겨났어요.

나는 가공되지 않은 것으로부터 아름다움을 얻는 것이 가능하다고 믿는다. 그래서 항상 스튜디오에서 일방적으로 제품을 소개하는 것이 아니라 자연 속에서 뷰티를 표현해보고 싶었다. 그렇게 탄생한 작품이 MBC 에브리원 〈뷰티, 촌에 가다〉이다. 내가 기획도 하고 전문가로 출연까지 한 작품이어서 애정이 남달랐다. 이 프로그램에 메인 PD로 온 게 바로 그녀였다. 소탈한 첫인상 때문에 이런 분위기의 사람이 과연 내가 상상하는 예쁜 그림을 만들 수 있을까 의구심도 들었다. 하지만 프로그램을 준비하면서 은연중 보이는 직관적인 모습들이 굉장히 매력적이었고 결과물 또한 한 편의 뮤직비디오처럼 내가 상상한 것 이상의 그림을 완성해주었다.

19년 기준으로 그녀가 콘텐츠에 몸담은 지는 14년이 넘어간다. 그녀는 어렸을 때부터 오직 하나에 꽂혀 있었다고 한다. 바로 영상이다. 어릴 적부터 해외 뮤직비디오뿐만 아니라 영상 콘텐츠를 잡식성으로 찾아보았다. 영상디자인을 전공하는 것도 이미 정해진 바나 다름없었다. 보통 대학에 들어가 전공을 공부하다 보면 나와 맞지 않음을 느끼는 경우가 있다는데 그녀는 마치 자기 옷을 입은 것 같았다. 머릿속에 그리던 것을 실제 영상화시키는 것이 그저 재미있고 영상이란 세계가 마냥 좋았다고 한다. 대학생활은 일주일에 단편 영화 2, 3개씩 쏟아낼 정도로 치열하게 보냈다. 그 열정을 지켜본 선배의 권유로 뮤직비디오 제작사에 현장알바로 들어가면서 자연스럽게 조감독이 되었다. 조감독으로서의 첫 작품은 왁스의 〈사랑은 다 그런 거니까〉였다. 작업할 때 어땠냐는 질문에는 너무 힘들었다는 말이 되돌아왔다.

뮤직비디오 제작은 소속사로부터 아티스트의 노래 정보가 도착하면 메인감독과 조감독들이 모여 아이디어 회의부터 시작한다. 음과 가사만 가지고 방대한 자료를 조사하는 것이 조감독의 몫이다. 자료는 참고 영상이 되기도 하고 기사문, 그림, 심지어 시가 될 때도 있다. 이 자료를 왜 찾게 되었는지 이유를 다는 것도 일이다. 자료를 모아 콘셉트를 잡으면 각 분야의 사람들이 메인 감독의 지휘하에 자기 포지션을 준비한다. 장소, 의상, 무대 도면 등 다양하다. 조감독을 3년 정도 경험하고 뮤직비디오 PD가 되었다. PD는 한 뮤직비디오의 예산을 책정하고 견적서를 만드는 일을 한다. 장소 섭외, 스태프 구성, 식비까지 도맡아 한다. 어쩌면 뮤직비디오라는 한 프로젝트의 살림꾼이나 마찬가지다. 비용을 지불하는 클라이언트 소속사와 작품의 대장인 뮤직비디오 감독의 중간 역할자이기도 하다.

전 세계에 말춤 열풍을 일으킨 〈강남스타일〉에도 그녀의 수고가 담겨 있다. 1주일 만에 완성해야 하는 스케줄, 그리고 17개의 장면을 2일 안에 완성해야 했다. 마감은 빠듯한데 다양한 장소에서 말춤을 추게 하고 싶다는 클라이언트의 주문은 지금 생각해도 아찔하다. 〈강남스타일〉이 미국을 뒤흔들 때도 기쁨을 만끽하기보단 당장 맡고 있는 다른 일을 하기 바빴다. 많은 작품을 하는 게 힘이기 때문에 닥치는 대로 일을 했고 그러다 보니 한때 뮤직비디오 차트의 1위부터 8위까지 전부 자신이 작업한 작품이 랭킹된 적도 있었다.

과거에는 밑바닥부터 쌓아온 경력으로 성장했다면 근래에는 콘텐츠의 영역이 넓어지며 판도가 바뀌었다. 더 젊고 강한 감각의 새로운 그림을 원하는 시장이 된 것이다. 한때 뮤직비디오가 하나의 예술

작품이었다면 이제는 소비에 불과한 콘텐츠가 되었다. 이에 피로감을 느낀 그녀는 콘텐츠가 닿는 모든 영역에 도전해보자는 생각을 하게 되었다.

첫 도전은 광고였다. 뮤직비디오가 작품성을 갖춘 콘텐츠였다면 광고는 완벽한 비즈니스이자 상업적인 콘텐츠였다. 뮤직비디오는 감독의 색깔이 중요했다면 광고는 광고주의 취향이 더 중요했다. 콘텐츠 시장은 모두가 소통하는 시대로 변모했고 이는 그동안 자신만의 세계에 갇혀 활동하던 것에서 벗어날 수 있는 기회가 되기도 했다.

광고 시장도 이전에는 단순하게 TV를 통한 광고 CF만 있었다면 이제는 SNS를 기반으로 제품의 가치를 보여주는 다양한 광고 콘텐츠를 제공하고 있다. 최근엔 유명 코스메틱 브랜드의 SNS 광고를 전적으로 담당하게 되면서 제품의 소개, 리뷰, 브랜드 영상 등 다양한 콘텐츠를 제작하고 있다. 호흡이 짧은 SNS 광고만 작업하다 보니 호흡이 긴 예능 프로그램에도 관심이 갔고, 그녀의 호기심은 계속 그녀를 발전시키고 있다.

그녀는 자신이 영상을 제작하는 데 있어서 크게 성공을 이룬 사람은 아니라고 생각한다. 하지만 다양한 분야에서 누구보다도 수많은 콘텐츠를 생산하고 있다. 어쩌면 젊은 인력들이 치고 올라와 갈 곳을 잃었다며 방황하는 동료들이 태반인 요즘, 수많은 콘텐츠를 경험해낸 그녀는 행운아 아닐까. 자신이 알던 세계가 달라진다고 벗어날 것이 아니라 그 속에서 자신의 재능을 살리고 찾아가는 것처럼 생산적인 일은 없다.

취향을 읽자

어떤 콘텐츠를 만들든 PD의 입장은 이 콘텐츠를 보는 사용자와 클라이언트 중간에 있다. 완성된 콘텐츠의 성공 여부로 박수받는 것은 10명 중 10명 모두에게 받을 수 없다. 아무리 잘 만든 콘텐츠래도 취향에 맞지 않으면 낮게 평가받는다. 때문에 적정선의 취향을 정확히 파악하고 설득하는 일이 곧 PD의 주된 업무다. 특히 그녀는 '취향'이란 것에 집중한다. 타인의 취향을 읽는 것이 가장 중요하지만 그 전에 자신의 취향부터 살펴보라고 권한다. 자신의 취향을 정확히 이해하고 있어야 다른 사람의 취향도 알고 그들의 니즈를 충족시킬 콘텐츠도 완성될 수 있다는 것이다.

이 작품에서 나의 존재감은

광고 혹은 방송영상물을 볼 때 단순히 규모가 작아 보인다고 그 안에 속한 사람까지 몇 없지는 않다. 콘텐츠가 잘되면 보통 출연자의 덕으로 생각하거나 그 팀의 리더가 능력 있다고 생각할 수 있다. 하지만 제작에 참여해본 스태프라면 그 생각부터 버려야 한다. 비록 출연자와 제작팀을 이끌어갈 팀장이 없다면 완성되지 않을 콘텐츠였지만 작은 존재에 불과한 자신일지라도 만약 없었다면 콘텐츠의 완성은 불가능했을 것이다. 프로젝트 하나에서 내가 하고 있는 업무 그리고 나 자신에 대한 존재감을 수시로 확인해야 한다. 콘텐츠 제작에 관련해 자신만의 타이틀을 얻을 때까진 긴 시간이 걸린다. 일반 직장에 비해 안정적이지 않은 환경 때문에 더 피로감을 느낄 수도 있다. 자신을 완성하는 인고의 시간 동안 스스로조차 자신을 인정해주지 않으면 이 바닥에서 버틸 수 없다.

나만의 HOOK!

우리는 많은 영상콘텐츠에 노출되며 살아가고 있어요. 때로는 장황한 텍스트보다 영상 하나가 더 큰 의미를 전달하기도 해요. 영상 쪽에 관심이 있다면 하나의 장르에만 치우치지 말고 다양한 영상들을 수시로 보세요. 누군가는 텔레비전이나 유튜브만 보며 시간을 낭비한다고 생각할 수 있지만 나도 모르게 기술과 센스를 습득하는 시간이 될 거예요. 그녀가 많은 콘텐츠를 만들게 된 것은 어릴 적부터 방대한 콘텐츠를 잡식성으로 봐왔던 습관이 낳은 결과가 아닐까요.

GOT7 TW JYP itzy

JYP STRATEGIC PLANNING TEAM

한류를 선도하는 서울대 출신
JYP 전략기획팀

조영욱

Q 방송 관련 일을 하면서 엔터테인먼트 쪽은 매니저님이나 대표님들만 알고 지냈는데 전략기획 관련해서는 처음 연이 닿은 것 같아요. 전해 듣기로는 중고등학교 시절부터 늘 우등생이었고 서울대를 졸업한 수재라고 들었는데, 항상 전공이 궁금했어요. 엔터테인먼트 쪽과 관련된 학과로 졸업하신 거예요?

A 처음부터 엔터테인먼트 쪽에 관심이 있던 건 아니었고 전공은 경제학이에요. 가족들이 법조계에 종사하길 원해서 한때 사시도 준비했었지만 제 길이 아니라는 걸 얼마 안 가 깨달았죠.

Q 그럼 같은 업계에서 학교 동기들을 찾아보긴 힘들겠네요?

A 동기나 선후배들은 대부분 행정공무원, 금융권, 대기업에 몸

담고 있어요. 함께 고시 공부했던 친구들 사이에선 지금 제 모습이 재미있는 안줏거리로 회자되고 있는 것 같고요.

🎤 서울대 경제학과를 졸업한 뒤 남들과 다른 행보가 관심의 대상이 될 것 같긴 해요. 어떻게 진로를 바꾸게 되신 거예요?

👤 대학 시절에 자신의 캐릭터를 직접 커스터마이징할 수 있는 게임이 있었어요. 한 친구가 동기들을 모델로 캐릭터를 만들었는데, 지력이 높던지 무력이 높던지 각자의 특징을 바탕으로 세팅해두었더라구요. 그 와중에 제 캐릭터만 매력도가 월등히 높았어요. 서울대생 중 특출 나게 똑똑하다는 것보다 매력 있고 재미있게 사는 사람이라고 생각해주는 게 더 좋았어요. 그때부터 어쩌면 내가 가야 할 길은 따로 있다는 생각이 들었어요.

🎤 엔터테인먼트 회사 중에서도 가장 대형 회사인 SM에서 일하시다가 JYP로 이직하게 되었잖아요. 단순한 이직이 아닌 도전으로 봐도 될까요?

👤 대한민국 3대 기획사 중 두 군데를 경험해볼 수 있다는 건 무

척 큰 행운임을 잘 알고 있어요. SM엔터테인먼트는 다양한 산업군에 걸쳐 수많은 계열사를 갖고 있어요. 단순히 아티스트 발굴을 떠나 이로 인해 생겨나는 콘텐츠의 시너지가 점점 커지고 있는 거죠. 이 가능성을 SM에서 확인했고 더 무궁무진한 발전을 직접 경험하고 만들어내는 사람이 되고 싶어요.

🎤 엔터테인먼트 산업이 지금까지는 아티스트 생산에만 주목되었다면 다른 가능성을 연구하고 확산할 인재들이 생기는 건 저처럼 방송에 몸담고 있는 사람들에게도 희소식임이 분명한 거 같아요! 보통 기획사를 떠올리면 프로듀서, 아티스트들만 떠올릴 텐데 숨은 일꾼의 이야기도 무척 의미 있는 것 같아요.

그는 내 남편과 첫 사회생활을 함께한 동료다. 그들이 함께 일한 전략컨설턴트팀은 한 기업이 목표로 한 성과를 달성할 수 있도록 한정된 경영자원으로 비지니스 전략을 짜고 그 전략이 실질적인 경영 성과로 이루어지도록 절차와 과정을 만드는 일이었다.

그를 소개받을 때 가장 먼저 거론되는 타이틀은 서울대 출신이라는 그의 학력이었다. 책상에서 16년을 치열하게 살아온 끝에 대한민국 최고 대학의 타이틀을 거머쥔 자의 숙명이 아닐까 싶다. 게다가 국내 최상위 대학을 졸업하면 대부분 안정적이고 편안한 직업을 선택하려 할 텐데, 뜻밖의 엔터테인먼트 산업에 자리 잡은 그의 삶에 호기심이 생겼다.

그가 현재에 이르기까지는 주변 사람들의 영향이 컸다. 처음 영향을 준 사람은 고등학교 때 멘토였던 졸업생 선배다. 당시 서울대 경제학부에 다니던 선배의 모습이 굉장히 멋있어 보여서, 단순한 동경심일 뿐이었지만 자연스럽게 진로 선택에 영향을 미쳤다.

두 번째는 신입생 시절 서울대학교와 협력 관계인 일본 게이오대학교에서 교환학생을 온 일본인이었다. 동북아 정치에 대한 관심으로 교환학생을 왔지만 2002년 당시엔 사회적으로 타국과 문화적 교류가 활발하지 않았고 외국인은 생소하고 어려운 존재였기 때문에 일본 학생을 케어해주는 친구들이 많지 않았다. 하지만 우연히 나누게 된 몇 번의 대화로 국적이 달라도 서로 잘 통한다는 것을 알게 되었고, 한국에 관심이 많은 친구였기에 어딜 데리고 가도 리액션이 좋고 기뻐하니 그도 덩달아 함께 있는 재미를 느꼈다고 한다. 가까워진 두 사람은 교환학생 기간이 끝난 뒤에도 편지로 서로 안부를 주고받았고, 그는 친구를 만나러 일본까지 찾아가기도 했다. 이후 게이오대학교에서 오는 일본 교환학생들을 먼저 소개받아 학교생활에 도움을 주는 역할을 하기도 했다. 그렇게 그의 관념에 일본인들에 대한 친숙한 이미지가 스며들었다.

그리고 2003년, 한류의 바람이 일본 열도를 달구었다. 드라마 〈겨

울연가〉가 크게 붐을 일으키며 욘사마는 물론 보아와 동반신기의 인기도 뜨거워졌다. 일본 친구들을 만나면 화두는 항상 한국의 드라마, 노래, 영화였다. 일본인들에게 그는 호기심을 채워주는 존재이자 문화적 재산을 가진 나라의 국민으로 부러움의 대상이 되었다. 일본 친구들이 자신을 통해 한국문화에 젖어들었다면 본인은 반대로 그들을 통해 일본문화에 흡수되었다고 한다. 우스갯소리로 연말이면 우리나라 시상식이 아니라 홍백가합전을 보는 게 습관일 정도였다고.

학교라는 매개체를 통해 만났지만 일본 친구들과의 관계를 끈끈하게 해준 것은 문화교류였다. 그렇게 웃고 떠들며 보내는 시간은 그에게 큰 울림 하나를 주었다. 음악, 드라마 같은 문화적인 요소가 누군가의 마음을 사로잡아 제품을 구매하게 하고 한국까지 찾아오게 하는 등 경제활동 면에서 큰 비중을 만들어갈 수 있다는 것이다. 아티스트 한 명이 내는 힘이 여느 기업 못지않게 강하다는 걸 깨달았다.

졸업 후 그는 국내 컨설팅 기업에 입사하게 된다. 군복무 전까지 컨설턴트로 활동했고 전역 후에도 2년 여의 시간 동안 수많은 회사들을 컨설팅하면서 다양한 산업군을 경험했다고 한다. 그렇게 반도체, 철강, 소비재 등을 다루다 어느 날 엔터테인먼트 관련 프로젝트를 만나게 된다. 당시 클라이언트는 자사 플랫폼의 일본 진출을 검토하고 있었고 그 플랫폼이 일본 시장 진출 시 발생하는 리스크와 타당성을 분석하고 검토하는 업무였다. 일은 힘들었지만 굉장히 즐거웠다. 사람이 콘텐츠가 되고 그 콘텐츠가 다양한 산업군으로 확대되는 것에 매력을 느꼈다. 그는 그 순간에 대해 내게 이렇게 말했다. 마치 '자유연애를 하다 진짜 내 사람을 찾은 것 같다'고 말이다. 자신이 집중해야 할 곳은 엔터테인먼트 산업이라는 것을 확신했고 SM엔터테인먼트 전략기획 부문에 지원했다. 입사할 당시 30대 초반에서 중반으로 넘어가는 시기였고 남자로서는 안정적인 직장에 자리 잡아야 할 시기이기도 했다. 하지만 불안함보다는 설렘이 컸고 10년 전 일본인 친구들과 문화를 통해 교류하던 청춘의 한때로 돌아간 것 같았다. 컨설턴트로 활동할 때보다 근무 조건은 30% 이상 낮춰야 했지만 그에겐 돈보다 열정에 지펴진 그 불씨가 더 중요했다.

엔터테인먼트의 가장 큰 핵심 사업은 아티스트를 발굴하고 키워내는 것이다. 아티스트를 만드는 직접적인 일은 프로듀서와 콘텐츠 관련 부서들이 담당한다. 전략기획 부문은 아티스트들의 콘텐츠를 토대로 음반, 공연, MD, 광고 등 다양한 영역에서 효율적으로 추가 수익을 보장하는 구조를 만들고 회사와 산업 내외부의 시장환경을 분석해 신사업을 개발한다. 이러한 숨은 일꾼들의 활약은 엔터테인먼트가 우리나라의 주요산업이 될 수 있다는 가능성을 입증하고 있다. 2013년도 한국콘텐츠진흥원은 글로벌 리서치회사 프라이스 워터하우스 쿠퍼스의 분석 결과를 인용해 우리나라 엔터테인먼트와 미디어 산업의 규모가 이미 세계 7위까지 진입한 바 있음을 발표한 적이 있다. 또한 지난해 전 세계를 휩쓴 방탄소년단의 활약 등으로 콘텐츠의 중심에서 대한한국은 끊임없이 거론되며 엔터테인먼트 시장을 성장시키는 힘이 되고 있다.

장 보드리야르는 현대사회에서는 사물이 소비되는 것이 아니라 기호가 소비된다고 말했다. 어떤 물건의 기능과 효용보다는 그 사물의 이미지나 가치를 보는 것이다. 그가 사람이 산업이 되는 콘텐츠에 매력을 느끼고 시대 문화의 흐름을 읽은 건 이와 비슷한 맥락이며 그의 인생에 가장 큰 이슈가 아니었을까 싶다.

사람에 대한 관심

20대 초반 가장 놀라웠던 것은 고유의 자원을 갖고 있지 않은 우리나라가 사람 하나로 세계시장을 선도한다는 것이었다. 엔터테인먼트는 시작도 끝도 사람일 수밖에 없다. 이쪽에서 일을 하고 싶다면 사람에 대한 지속적인 관심과 탐구는 필수 불가결하다고 생각한다. 어쩌면 그 어떠한 기술보다도 더 어려울 수 있다. 사람으로 만들어지는 일이기 때문에 한 사람의 매력을 찾아내는 일에 대해 몰두할 필요가 있다. 당장 자신의 주변인들로부터 그들의 매력과 장점을 찾아내 보는 것도 좋은 연습이 될 수 있다. 최근 그는 사주명리학에 관심을 두고 있다고 한다. 사람에 대한 관심을 좀 더 다양한 관점으로 발전시키기 위한 또 다른 시도인 셈이다.

공부가 중요할까?

과거에는 학력이 자신의 미래를 결정하는 데 큰 영향을 끼쳤다면 요즘은 자신의 역량만으로도 성장할 수 있는 다양한 루트가 생겼다. 이제는 학력이 모든 것을 증명해주지 않기 때문에 중시되지 않는다고 말할 수도 있다. 하지만 그는 공부가 중요하다고 말하고 있다. 우리가 한 가지 역량에 올인한다고 해서 성공을 보장받을 수 있는 것이 아니기 때문이다. 먼 미래를 앞서 보며 만약 실패할 경우를 생각한다면 최소한의 학력은 갖추고 있어야 돌이킬 수 있는 지점이 생긴다고 당부한다. 실제로 JYP 역시 아티스트들을 육성할 때 일방적인 연습만 강요하지 않고 어느 정도의 학업 성취 기준을 두고 있다고 한다. 학생으로서의 책임을 다해야 직업적인 활동에 있어서도 그 책임을 다할 수 있다고 믿는 것이다.

음악, 연기 등 문화 콘텐츠에 관심이 있는데 재능이 없다면 공부를 그만두고 학원에 가서 보컬, 춤 트레이닝을 받고 아티스트가 되야 할까요? 아티스트를 볼 때 단순히 소비로서의 음악만 보지 않고 그들의 컨셉, 활동에 대한 아쉬움이 떠오른다면 오히려 그들의 영역을 확대시켜줄 수 있는 역할도 있다는 것을 알아두면 좋을 거예요.

MBC⁺ BUSINESS TEAM

국경을 넘나드는 방송 콘텐츠 제작자, MBC⁺ 사업팀

김태한

🎙 MBC PLUS 지니뮤직어워드 시상식(MGA), 너무 멋졌어요.

🧑 성공적으로 마쳐서 다행이었죠.

🎙 MBC PLUS 덕분에 방탄소년단은 물론 찰리 푸스까지 보는 추억이 생겼어요. 빌보드 차트에 이름을 올린 다양한 스타들을 한국에서 다 보고, 꽤 흥미로운 시상식이었던 것 같아요.

🧑 국내 유명 뮤직어워드는 해외에서 이루어지잖아요. K-POP 이 세계화되고 있는 만큼 첫 회는 의미 있게 한국에서 시작해 봤는데 반응이 더 좋았어요.

🎙 시상식이나 쇼를 준비하는 PD와 작가들의 업무는 익히 알려

져 있는 것 같은데 사업부는 어떤 역할을 해요?

𝕻 시상식을 기획하는 첫 단추를 사업부에서 시작해요. 메인 스 폰서를 찾기 위한 영업, 티켓 판매, 행사 당일 주차, 경호까지 전체를 운영하고 관리해요.

𝕼 단 하루 만에 끝나는 시상식이지만 무엇보다 고되겠어요.

𝕻 우리 쪽에서는 시상식을 1년 농사로 생각해요. 사업부의 영역 에서는 큰 프로젝트이고 잘 해내야 내년을 기약할 수 있기 때 문에 중요하게 여기고 있어요.

내가 처음으로 제작, 기획, 구성한 작품은 MBC PLUS 〈취향저격 뷰티플러스〉이다. 항상 작가로서의 업무만 해왔지 제작에 참여한 것 은 처음이기에 꽤 의미 있는 모험이었다. 내가 외주제작사로서 방송 을 완성해 오면 MBC PLUS는 편성료를 받고 방송을 송출해주고 홍 보도 겸해주었다. 시즌 1을 고생 끝에 완성했고 좋은 결실이 되어 시 즌 2도 제작하게 되었다. 그때 사업부 담당자로 김태한, 그를 만나게 된 것이다. 보통 방송사가 외주제작사를 대할 때는 연차에 상관없이 갑의 위치에서 행동하는 경우가 많다. 하지만 그는 내가 만난 사람

중 몇 안 되게 따뜻하고 인성 좋은 사람으로 4년 가까이 인연을 이어오고 있다.

그는 중어중문학과를 전공했다. 유년시절을 중국에서 보냈고 점차 발전하는 중국 시장에 대한 가능성을 보고 선택했다고 한다. 문과 계열인 만큼 동기들은 방송 PD, 대기업 사무직, IT 업계, 항공사 등 중국어가 필요한 다양한 곳에 종사하고 있다. 그중에서 그는 유일하게 방송국 사업부에 관심이 갔다. 어릴 적부터 지금까지 가장 좋아하는 취미가 TV를 보는 것이었고, 때마침 중국에서 한국 프로그램들을 사들이고 있는 콘텐츠 시장의 분위기가 흥미로워 보여서 어떻게든 그 안에 속하고 싶었다.

어느 방송국이든 사업부는 존재한다. 하나의 방송이 완성되기까지 실무자는 PD, 작가가 전부라고 생각하는 사람이 많다. 하지만 그 시작은 사업부에 있다. 사업부는 프로그램이 만들어지기 전까지의 모든 과정을 담당한다. 제작비 산정, 제작비를 위한 PPL 스폰·영업 등으로 질 좋은 제작 환경을 만들기 위해 노력한다. 쉽게 말하자면 사업부는 방송사의 주 수입원인 광고에 관련된 일을 하기 때문에 방송국을 경영하는 데 있어서도 핵심적인 부서다.

중국어를 전공한 그가 가장 의미 있게 기억하는 프로젝트는 MBC PLUS가 중국과 함께 합작 프로젝트를 진행했던 일이다. 중국 프로그램을 한국에서 만들어준다는 것이 예전에는 생소했지만 지금은 꽤 익숙한 일이다. 〈슈퍼아이돌〉이란 프로그램을 시즌 1, 2까지 완성했다. 아이돌을 키우는 오디션 프로그램으로 중국에서 50명을 선발한 후 한국으로 데려와 K-POP 스타 육성 노하우를 50명에게 서바이벌 형태로 교육한다. 마지막까지 살아남은 사람들에겐 그룹으로 데뷔할 수 있는 기회가 주어진다. 당시 싸이, 비, 김종국 등이 심사위원으로 출연하여 국내에서도 이슈가 된 바 있다. 이 프로그램을 시작하기까지 중국 회사와 업무 및 예산 조율 계약서 작업은 물론 해외 체류 형태까지 모든 것을 사업부가 관리했다. 콘텐츠 아이디어와 노하우를 갖고 있다고 해도 이러한 환경과 조건이 만들어지지 않으면 작가와 PD는 일조차 시작할 수 없다.

사업부는 프로그램 환경 조성 외에도 만들어진 프로그램을 유통하는 일도 담당한다. 해마다 국내는 물론 아시아, 유럽, 미국에서는 다양한 콘텐츠 마켓이 열린다. 방송국부터 제작사까지 콘텐츠와 관련된 다양한 사업체가 참여한다. 예를 들어 하이마트에서 전자제품을 팔듯이 콘텐츠 마켓에서는 콘텐츠, 즉 프로그램을 판다. 채널에서 보유하고 있는 프로그램들을 흥미롭게 보이기 위해 팸플릿 제작부터 영상 홍보물까지 만들어 준비해 간다. 관심 있는 기업이나 사람이 다가오면 어필하는 것도 필요하다. 한 번 방영한 프로그램은 그대로 사라지는 것이 아니라 또 다른 창구를 찾는 것이다.

2018년, MBC PLUS는 시상식을 열었다. 시상식은 그가 가장 관심을 갖는 사업 중 하나이다. 채널 브랜딩을 가장 쉽고 빠르게 확산할 수 있는 사업이기도 하다. 프로그램을 영업할 때 가장 반응이 빨리 오는 것은 음악 프로그램이라고 한다. 예능은 우리에겐 재밌을지라도 외국인들에게는 다른 정서, 다른 문화, 언어의 장벽으로 어렵게만 느껴질 수 있다. 하지만 음악은 언어를 몰라도 퍼포먼스와 멜로디만으로도 사람을 사로잡는 매력이 있다. 그 힘을 느낀 후 참여하게 된 시상식은 꽤 매력적이었다. 유럽의 몇 나라는 자국 연예인의 노래보다 빌보드차트 노래에 열광을 하는 경우가 많은데 우리나라처럼 작은 영토에도 불구하고 대중가요 생태계가 이렇게 완벽하게 갖춰진 곳은 얼마 없다며 큰 자부심을 느낀다고 말한다. 비록 그는 자신의 포지션이 아직 컨펌을 내거나 큰 사업을 기획할 수 없는 위치지만 훗날 지금의 경험들로 K-POP을 이용한 시상식을 국외에서 개최하여 우리 음악의 위상은 물론 우리 콘텐츠를 알리는 것을 꿈꾼다.

정직한 마음

방송사업부에서 가장 많이 하는 일 중 하나는 계약서 진행이다. 계약서를 통해 많은 관계가 만들어진다. 그는 한 번 인연을 맺은 브랜드나 사람과는 프로젝트가 끝나도 계속 연락을 이어나간다. 단, 친분이 생기더라도 절대 상대에게 자신이 해줄 수 있는 혜택을 부풀려 말하지 않는다. 비즈니스를 위해 다들 이익을 얻고 싶어 하는 공통점은 같다. 내가 가진 것을 있는 그대로 솔직하게 보여주고 그에 마땅한 비용만 받아야 한다. 사업관계에서 단편적인 이익에 연연하면 콘텐츠의 퀄리티가 보장될 수 없다고 믿는다.

내 사업이라고 생각하는 자세

사업부가 하는 일은 생각보다 많다. 프로그램을 만들기 위한 비용, 환경 등을 만들고 경영하며 스폰서 관리, 프로그램 유통까지 맡고 있다. 하나의 사업체가 창업하여 이루어가는 과정을 프로그램마다 거친다고 해도 과언이 아니다. 사소한 모든 일을 담당해야 하기 때문에 자기 사업이라 생각하고 긴장하지 않으면 꼭 실수가 생긴다. 작은 실수가 한 프로그램을 망하게도 할 수 있다는 것을 염두에 두어야 한다. 때문에 마음가짐과 더불어 체크리스트를 습관화했다. 한 프로그램당 체크해야 할 영역, 브랜드, 사람만 해도 열 손가락이 모자르다. 일일이 다 기억할 수 없기 때문에 실수를 최소화하고 발전할 수 있는 기본기는 체크리스트에 달렸다.

취미는 TV 시청

자신이 속하고 싶은 곳이 방송국이라면 가장 기본적인 자세는 TV 보는 것의 습관화이다. 사업부의 일원으로 밖에 나가 영업을 할 때 우리가 보유하고 있는 프로그램들을 누구보다 잘 알고 어필해야 한다. 또한 주변 채널들은 어떤 프로그램을 하고 있는지 경쟁 프로그램도 꿰차고 있어야 한다. 보통 사람들이라면 할 법한 요즘 유명한 아이돌은 누구야? 쟤 많이 나오던데 누구지? 누구 나오던 드라마 이름은 뭐지? 라는 말들은 업계 종사자에겐 용납될 수 없다. TV 시청은 시장조사를 위한 모니터링이기도 하지만 재밌는 콘텐츠를 접하는 취미쯤으로 만들면 크게 어렵지 않다.

나만의 HOOK!

방송 프로그램에 속한 사람이 되고 싶은데 PD, 작가가 성향에 안 맞다고 좌절하지 마세요. 사업부처럼 집을 지을 때 탄탄한 재료와 집을 지을 땅을 만들어주는 사람으로 핵심인물이 될 수도 있죠. 또 시간대별 유입이 많이 되는 연령별 타겟에 맞추어 프로그램 편성표를 기획하는 편성팀, 방송의 송출을 담당하는 기술팀 등 다양한 직업들이 존재해요. 이를 이용해 영상클립을 활용하는 것도 한 예가 될 수 있겠죠!

CULTURE CONTENT

디제잉하며 문화콘텐츠를 기획하는 전직 대학교수

JOY

Q 　보통 사회생활을 하다 보면 현실과 타협하고 열정은 사그라 들기 마련인데 이사님은 항상 진취적으로 새로운 일을 대하 시는 것 같아요. 직업 서적을 쓰면서 이런 열정을 가진 사람의 삶을 꼭 담고 싶었거든요. 원래 타고나기를 매사에 열정적인 편이셨나요?

A 　제 어릴 적 이야기를 하면 감동까진 아니어도 공감은 될 수 있을 거예요. 모두가 그렇듯 방황하던 시절이 있었거든요. 사 실 전 마마걸이었고 엄마가 시키는 대로 살았어요. 친구도 많 지 않았고 하루 일과는 항상 학교-학원-집이었죠.

Q 　믿기지 않아요. 에너지가 주체가 안 되어 넘쳐흘러 보이는데 마마걸이었다고요?

ㅇ　엄마 품이 가장 안전하고 정답인 줄 알고 살았어요. 대학교 때 MT도 못 가봤을 정도였어요.

ㅇ　마마걸이 지금은 자유분방한 DJ가 되어서 파티장을 장악하고 있는 거라구요?

ㅇ　원래 실용음악과에서 뮤지컬 지망생들을 가르치며 4~5년을 보냈어요. 엄마가 만든 인생이었고요. 하지만 지금은 저 스스로 만드는 인생을 즐기고 있어요.

ㅇ　상상도 못했어요. 이사님은 DJ를 하면서 만나는 사람들과 대외적인 행사도 만들면서 누구보다 주도적이고 다양한 직업을 갖고 있잖아요.

　예능 프로그램의 장소를 섭외하던 중 가평에 있는 호화로운 숙박 단지를 소개받았다. 그때 그곳에서 만난 홍보마케팅 팀장이 바로 그녀였다. 호탕하고 자유분방한 성격 덕에 첫 만남에도 대화가 막힘 없이 흘렀다. 그리고 그녀의 메인 직업이 DJ임을 알게 되었다. 현재를 즐기고 있는 그 여유로움 때문일까. DJ라는 옷도 마케팅기획자라는 옷도 참 잘 어울려 보였다. 그녀의 직업은 그 둘뿐만이 아니었다.

짧은 시간이지만 내가 알고 지낸 시간 그녀의 일상을 살펴보면, 먼저 일주일에 반은 해외에서 공연을 한다. 그리고 남은 일주일의 반조차 휴식에 쓰는 것을 본 적이 없다. 한국에서도 여전히 일을 하고 사람들을 만나며 바쁘게 지내는 그녀다. 현재 국내는 물론 해외투어를 많이 하는 DJ 중 한 명이기도 하다.

과거의 그녀는 엄마가 만들어준 삶을 살아왔다. 성인이 될 때까지도 늘 엄마의 울타리 속에서 엄마가 시키는 대로, 엄마에게 거슬리지 않게 살아오며 항상 상위권 성적을 유지하던 차분한 성격의 모범생이었다. 진학을 앞두고 학과만은 본인이 원했던 연극영화과에 갈 수 있었지만 정해진 대로 살던 습관은 경험 부족으로 이어질 수밖에 없었다. 쓰고 답하는 문제의 성적은 좋았지만 실전 연기 연습을 할 때마다 큰 벽을 만났다고 한다.

연기 테스트를 받던 어느 날, 그날 과제는 '화가 나 문을 열고 들어온다'였다. 그 테스트에서 족히 20번은 문을 박차고 들어와야 했다. 교수님은 "넌 전혀 화가 나 보이지 않아. 캐릭터를 이해하지 못하고 있어"라고 꾸짖었다. 그때까지도 연기를 못한다는 지적을 논리적으로 설명해주지 않으면 이해하지 못했다. 연기를 통해 한 명의 삶을 자신이 보여주는 것인데 그동안 이론적으로만 이해했던 것이다.

엄마 없이 혼자서 무언가를 한다는 것은 무척 어려운 일이었다. 아무것도 못할 것만 같았던 삶을 자신의 힘으로 개척하게 된 계기는 첫 여행에서였다. 26살에 그녀는 처음으로 해외여행을 가게 되었다. 크루즈 여행을 계획하던 친구가 함께 가려던 동행이 못 가게 되었다면서 그녀에게 제안을 한 것이다. 덜컥 가겠다고는 했지만 엄마 없는 첫 여행은 모든 게 두려운 선택과 도전의 연속이었다. 여행 패키지에는 스노쿨링 체험이 있었는데 높은 보트 위에서 바다로 다이빙할 수 있는 체험이다. 하지만 갑판에서 아래를 내려다보니 아찔했고 자신의 차례가 다가오기까지 수만 가지 생각이 스쳐 갔다. 잘못되면 어떡하나 걱정이 밀려오는 그 순간 이런 생각이 들었다고 한다. 이 여행도 패키지도, 내가 하기로 하고 온 것이니 해내자는 생각이었다.

돌이켜보면 한 번도 스스로가 결정한 대로 살아본 적이 없는 것 같았다. 엄마의 결정에 따라 움직이고 타인에 의해 살아왔기 때문에 잘못되었을 때도 남 탓을 하며 편안하게 살았다. 하지만 왠지 이 순간을 극복하면 스스로 선택하고 이뤄나가는 새로운 삶을 살 수 있을 것만 같다는 확신이 들었다. 그 생각과 함께 그녀는 바다에 몸을 던졌다. 걱정과 달리 바닷속은 평온하고 아름다웠다. 그리고 하고 싶었지만 용기가 없어 놓쳤던 수많은 기회들이 떠올랐다고 한다. 그날 이후 인생이 한순간에 완벽하게 바뀐 것은 아니다. 대학 졸업 후에도 엄마의 뜻에 따라 강단에 올랐다. 그래도 이전보다 자신의 인생에 대한 책임감이 좀 더 생겨났다.

아이들을 가르치고 살아가면서 또 한 번의 고민에 빠졌다. 강단에 서는 것이 즐거움을 충족시켜주기보다 또 다른 갈증을 느끼게 하는 부분이 많았기 때문이다. 그리고 과거 여행에서처럼 스스로 극복해낼 수 있는 것을 끊임없이 고민했다. 그러다 사람들 앞에서 에너지를 발산하고 싶어 하는 자신의 마음을 읽게 되었다. 뮤지컬 창작 연출을 공부한 것과 연관 지어 무대 전체를 기획하고 소통하는 직업은 뭐가 있을까 고민하던 중 만난 직업이 바로 DJ다. DJ라고 하면 조명 아래 음악을 틀고 디제잉하는 모습만 떠올릴 것이다. DJ의 힘은 생각보다 크다. 파티의 분위기가 DJ에게 달려 있기 때문이다. 참여한 관객의 흥을 이끌어내는 것이 DJ의 몫이다. 단순히 음악을 트는 사람으로 생각하면 크나큰 오해다. 보통 차려진 밥상처럼 이미 기획된 파티, 페스티벌 무대에 그냥 오를 수도 있지만 그녀는 직접 밥상을 차리는 기획자의 역할도 하고 있다. 수십 명의 배우, 조명, 무대, 대본, 음악 등 더 큰 스케일의 뮤지컬 무대도 연출해보았는데, 자신만의 색깔로 자신의 음악을 좋아하는 사람들을 위한 공연을 만들 수는 없을까 하는 물음에서 도전하게 되었다.

항상 새로운 사람을 만나 그들의 이야기를 들어주는 것을 좋아하는 성향도 이 직업에 적용되는 등 자신이 가지고 있는 모든 장점을 더해 완성된 DJ JOY의 무대는 대중에게도 진정성을 전해주고 있다.

인생의 방향키는 스스로 잡는 게 가장 정확해

뮤지컬 배우, 교수, 작곡가, 그리고 DJ. 아직 30대 중반인 그녀의 직업은 수없이 바뀌었다. DJ로도 살아가고 있지만 매일 그녀의 직업은 영역을 늘려가고 있다. 이렇게 될 수 있었던 것은 마음의 소리에 끊임없이 집중했기 때문이다.

'나는 지금 행복한가.'

'나는 무엇을 하고 싶은가.'

'나는 무엇을 할 때 행복을 느끼는가.'

자신을 향한 질문을 구체화할수록 목표는 정확해진다. 그렇다고 이 질문과 생각을 고요한 명상 속에서 해야지만 답이 얻어지는 것은 아니다. 사람은 누구나 자신의 집중도가 높아지는 순간이 있다. 한 예로 JOY에게는 그것이 음악이었다. 그녀는 음악이 마음과 몸의 스위치를 ON/OFF 한다고 믿는다. 음악과 함께 ON이 되면 남의 시선과 관계없이 그 분위기에 빠질 때가 있다. 그렇게 음악에 몸을 맡기면 어느 순간 잡생각으로부터 벗어나는 것을 느끼게 된다. 그때 자기 자신과 대화를 한다. 인생에 변화를 주고 싶거나 혹은 변화를 가져야 한다면 자신다운 방법으로 스스로에게 접근해 끊임없이 질문을 던지고 답을 찾을 것을 권한다.

단순히 재미만 따진다면 100% 실패

마음이 시키는 일을 선택했다고 해서 그것을 놀이의 연장선이라고 보면 절대 안 된다고 경고한다. 몇 번이고 직업을 바꾼 게 대단해 보이고 인생을 즐기는 것처럼 보일 수 있지만 실상은 전혀 다르다. 변화하는 삶 속에서 실패하지 않기 위해 버티는 동안 위기도 많았다. 일이라는 것은 내가 좋아서 선택했더라도 막상 하려면 일이기 때문에 하기 싫은 순간도 마주하게 된다. 내가 하고 싶을 때 하고 싶은 일만 한다면 단순 취미에 지나지 않는다. 마음의 소리에 집중해서 해야 할 일을 찾아냈다면 그 일에 대한 책임감도 반드시 가져야 한다. 아무리 좋아하는 일이라도 하기 싫음과 하고 싶음이 동반될 수 있다는 것을 받아들여야 한다.

나만의 HOOK!

마음의 소리에 집중하는 것이 어렵다고 느껴지나요? 그렇다면 종이와 펜을 꺼내 스스로에게 100문 100답을 주세요. 조용히 앉아 질문에 맞추어 답을 써내려가다 보면 그 안에 답이 있을 거예요.

WEB MAGAZINE

웹매거진의 선두주자,
뷰티플랫폼 1세대 에디터

장유민

🎤 과거엔 신문이 없어지리라고는 상상도 할 수 없었을 거예요. 패션잡지들이 폐간하는 걸 보고 너무 놀랐어요.

🧑 전통적인 종이 잡지 시장의 하락세가 지속되면서 전자책 잡지, 웹진, 앱진 등 새로운 미디어들이 나오고 있죠. 제가 활동하는 영역도 웹진, 앱진에 가까워요.

🎤 예전에는 잡지를 보기 위해 한 달에 한 번 서점에 직접 가서 사야 했다면 이젠 시대가 달라진 거 같아요. 웹, 모바일로도 바로바로 정보를 받아볼 수 있잖아요.

🧑 그래도 인쇄 잡지가 완전 쇠퇴했다곤 할 수 없어요. 종이와 디지털의 컨셉이 공존하면서 디지털에서는 미디어의 다양성을

구현하고 있죠.

🎤 맞네요. 다만 한 가지 아쉬운 점은 데일리 콘텐츠로 짤막하고 자극적으로 만들다 보니 사용자를 이끄는 트래픽은 높지만 질 좋은 콘텐츠를 찾아보기가 힘들어요. 에디터님이라면 웹매거진 종사자로서 느끼는 감회가 더욱 남다를 것 같아요.

🧑 제가 있는 곳은 웹매거진 1세대로 처음에는 굉장한 반응을 불러일으켰어요. 하지만 이제는 수많은 웹진이 등장하면서 정보들이 거기서 거기예요. 이 상황에서 벗어나기 위해 우리 에디터들은 시간이 많이 들더라도 공을 들여서 기획력 있는 콘텐츠를 발행하려고 끊임없이 노력하고 있어요.

🎤 그렇다면 에디터들이 일할 때 인쇄매거진과 웹매거진의 차이는 큰 편인가요?

🧑 활동하는 판이 다를 뿐이지 거의 같아요!

　장유민, 그녀와는 뷰티 업계에서 동갑내기로 만나 업계 동향부터 사소한 고민까지 공유하는 허물없는 사이다. 그녀는 29살의 어린 나이에 에디터 팀장직을 맡아 4년째 활동하고 있다. 인쇄 매체였다면 편집장이라는 직함이 어울릴 것이다. 물론 보수적인 인쇄 매체에서는 29살에게 팀장직을 맡기는 모험은 하지 않을 것이지만 말이다. 하지만 웹, 모바일에서는 가능하다. 사용자들이 대부분 트렌드에 민감하고 젊은 감각에 더 호응하기 때문에 나이가 어린 것이 오히려 장점이다.

대학에서 언론정보학과를 전공한 그녀가 가장 관심 있게 들었던 수업 중에 하나는 광고마케팅이었다. 그래서 자연스럽게 브랜드 광고, 마케팅하는 방법을 익히게 되었다. 부전공으로는 국어국문학과를 전공하면서 글 쓰는 힘도 기르게 된다. 자신이 배운 것을 살려 기자를 꿈꾸게 되었는데, 브랜드를 띄우는 마케팅에도 관심을 갖게 되면서 잡지 기자의 길로 접어들게 되었다.

그녀는 인쇄 매체의 어시스턴트로 콘텐츠계에 입문했다. 글을 쓸 순 없었지만 지금의 자신을 있게 한 시간이었다고 당당히 말한다. 고된 시간이었지만 그 열매는 달다고 말이다. 에디터는 편집기획을 입안하고 스타일리스트, 카메라맨, 모델, 라이터, 리포터 등의 협력에 의해서 정보를 수집하고 분석한 다음 소비자에게 전달한다. 어시스턴트는 에디터의 보조업무를 담당하며 콘텐츠가 발행되기 전까지의 모든 업무를 담당한다. 에디터가 좋은 기획을 낼 수 있도록 정확한 트렌드, 국내외 동향을 분석하고 취합한다. 자료만 나열하는 것이 아니라 다양한 아이디어를 더해 정리하는 것이 핵심이다. 준비한 페이퍼가 컨펌이 나면 이에 맞는 모델 섭외, 컨셉과 시안 찾기도 담당한다.

한 번은 더플코트(떡볶이 코트)편을 준비했는데, 자료 조사를 하다 보니 세계2차대전 영국군 방한복까지 찾을 만큼 방대한 양을 서치한 적도 있다고 한다. 콘텐츠를 만드는 사람이라면 한번씩 겪는 과정이라 본다. 방송에 입문해 막내작가일 때도 이와 같은 일을 했다고 한다. 누군가의 입을 통해 단 한 줄로 끝날 멘트라 해도 자료 조사만큼은 A4용지 100장이 넘게 방대한 양을 찾아내고 자문을 구했을 정도였다. 그래서인지 현재 팀원을 꾸릴 때도 이력서 안에 고된 어시스턴트의 과정을 이겨낸 친구가 있으면 두말없이 팀원으로 데려왔다. 정신적, 체력적으로 힘들었을 그 과정을 이겨낸 시간과 그를 통해 얻어낸 노하우를 존중한다는 뜻이다.

그녀가 속해 있는 웹매거진을 소개할 땐 다양한 플랫폼과 구독자 수에 대한 이야기가 따라온다. 카카오플러스 구독자 20만 명, 카카오스토리 구독자 24만 명, 네이버포스트 구독자 2만 5천 명, 네이버TV 구독자 1만 7천 명. 이 숫자는 웹매거진 셀프뷰티 구독자 수다. (2019년 1월 기준) 패션, 뷰티를 주제로 화보, 영상, 정보를 담아 배포하고 있다. 2014년부터 운영된 셀프뷰티는 1세대 뷰티매거진 플랫폼이라고도 불린다. 2017년 한 해 동안 1억 뷰를 달성할 만큼 구독자들에게 큰 인기를 끌었다.

1세대 웹매거진의 주인장이라고 해서 늘 같은 자리에서 머무르는 것은 아니다. 모바일 시장은 매일 바뀐다. 구독자들은 물론 광고주들 또한 각양각색의 입맛을 가지고 있으며 심지어 더 새로운 것을 원한다. 콘텐츠를 만들 때 지금까지는 주로 텍스트와 이미지를 놓고 기획회의를 했다면 이제는 더 나아가 영상도 직접 디렉팅하고 있다. 웹매거진은 돈을 주고 사는 형태는 아니지만 구독자들의 참여율이 바이럴 마케팅 면에서 큰 영향력을 가진다. 초창기 기획 콘텐츠에서는 브랜드의 제품을 사은품으로 지원받아 댓글 이벤트, 매장 이벤트 등 다양한 참여 이벤트를 기획해서 오랜 충성 구독자들을 이끄는 데 성공했다. 이제는 제품을 주는 것만으로 구독자들의 반응이 뜨겁진 않지만 당시엔 흐름을 잘 읽어낸 결과였다.

트렌드는 동일하기 때문에 수많은 웹매거진에서 비슷한 정보들이 쏟아져 나오고 있다. 프리미엄 콘텐츠를 위해 많은 매거진들이 기획에 더 힘을 주고 전문가들을 영입하고 있다. 뷰티웹툰, 전문가들의 심도 있는 썰 등을 이용해 콘텐츠를 만들고 있다. 셀프뷰티의 또 다른 행보는 디지털콘텐츠부터 시작해 각종 이벤트, e-커머스 사업까지 엮어 새로운 뷰티생태계를 만들어낸 것이다. 그리고 5년간 약 50만 구독자들로부터 얻은 다양한 뷰티 고민에 대해 단순히 제품 정보를 전달하는 것만으론 갈증을 느껴 그들만의 노하우로 2030세대를 타겟으로 한 코스메틱 브랜드를 론칭했다. 그녀는 브랜드기획자라는 직업을 얻었다. 브랜드들의 제품을 마케팅하며 트렌드를 읽어낸 모든 시간들이 쌓여 자신들의 브랜드까지 론칭하게 된 사실이 놀랍다.

에디터는 자기주도형 기획자가 성공한다

그녀는 에디터를 기자라고 생각해선 안 된다고 한다. 에디터는 취재, 편집, 논평을 하는 것 이상의 정보를 최대한 많은 소비자에게 전달할 수 있도록 만드는 기획자라고 보는 게 더 정확하다. 다양한 정보 속에 최대한 많은 독자들이 도달하기 쉽게 만드는 것이다. 그중에는 순수 정보 전달 콘텐츠도 있고 브랜드 광고도 포함된다. 읽기 쉽게 만드는 첫 번째 과정이 바로 '기획'이다. 트렌드와 정보를 짧고 간결하게 나열한다고 해서 구독자들이 좋아하는 것은 절대 아니다. 내가 이야기하고 싶은 정보를 어떻게 재밌게 전달하고 포장하는지는 본인에게 달렸다.

예를 들어 커버력이 좋은 A브랜드의 쿠션이 있다. 이를 광고하는 매체와 사람을 비교해보자. D매체는 타브랜드와 커버력 비교 실험을 하고 B크리에이터는 자신의 얼굴에 낙서를 하고 쿠션을 바르며 커버력을 보여준다. 둘만 놓고 비교해도 표현 방법이 다르다. 나라면 어떻게 표현하고 싶을까부터 고민해보는 것도 추천한다.

뷰티에디터가 되기 위해 갖춰야 할 것

대부분 에디터 면접을 볼 때 오고 가는 말이다.

"왜 뷰티에디터가 되고 싶어요?"

이때 "화장품을 좋아해서요"라고 말하면 인연을 맺지 않았다고 한다. 여자들 중 화장품을 싫어하는 사람은 거의 없다. 좋아하는 화장품을 가지고 어떤 콘텐츠를 만들 수 있는지 가능성을 보여주는 게 더 중요하다. 간혹 본인이 뷰티블로거로 활동하고 있다며 블로그를 포트폴리오로 제출하는 경우도 있다. 하지만 자신만의 공간인 블로그에서 쓰는 정보성 글과 매거진에서 다루는 글은 다르다는 걸 인지해야 한다. 본인이 가장 좋아하는 제품 혹은 관심 있는 제품에 대해 그냥 쓰는 것보다는 매거진에 발행될 글이라 생각하고 정리해두다 보면 곧 포트폴리오가 된다.

친구와의 의리만 중요할까?

첫 인쇄 매체에서 그녀가 받은 월급은 40만 원이다. 지금으로서는 상상할 수 없는 돈이다. 있어선 안 될 일이지만 열정페이라 가능한 일이었다. 어시스턴트로 배우는 자세는 대환영이다. 하지만 어딘가에 입사할 때 계약서는 필수이며 사람을 존중하지 않고 수단으로 이용하는 매체는 경험하지 않는 것이 나을 수 있다. 콘텐츠 세계의 실무는 학업만으로 배울 수 없는 노하우가 있다. 공부만으로 바로 업무에 투입될 수 없기 때문에 이 과정을 배움으로 여기고 열정페이를 요구하는 관행이 많았지만 요즘은 사람다운 대우와 함께 질 좋은 콘텐츠를 만들기 위해 노력하는 매체가 더 많다. 자신의 권리를 포기하지 말 것을 강조했다.

또 그녀가 어린 나이에 팀장이란 타이틀을 얻을 수 있었던 것은 회사에 보여준 신뢰와 의리 덕분이다. 웹, 모바일 시장의 변화만큼 조직의 분위기도 수시로 바뀌는 것이 현실이고 이직률이 높은 편이다. 하지만 회사의 목표를 이해하고 꾸준히 버티다 보니 일하는 노하우도 생기고 신뢰감도 자연스럽게 따라왔다는 것이다. 이런 신뢰 관계를 경험해보려면 어디에서든 2, 3년은 있어야 인정받을 수 있다.

웹, 모바일을 바탕으로 하는 에디터가 되고 싶다면 관심을 습
관화하세요. 그녀를 통해 가장 많이 듣는 이야기는 새로운 플
랫폼에 대한 소식이에요. 내가 일하게 될 직업 세계의 주무대
에 어떤 플랫폼들이 있는지 관찰하고 사용자들은 어떤 반응을
보이는지, 내가 직접 사용해보니 어떤지 주의를 기울이세요.
내가 하는 일을 더 크게 발전시킬 수 있을 거예요. 방송 채널
이 네이버를 이용해 영상클립을 활용하는 것도 한 예가 될 수
있겠죠!

송해나

X

이영우

X

최이윤

X

오다미

X

편주희

X

박연정

꼭 전공에
맞춰 살지
않아도

TOP MODEL

승무원 지망생에서
대한민국 톱모델로

송해나

🎤 모델 송해나 하면 다들 〈도전 슈퍼 모델 코리아〉 프로그램을 떠올릴 것 같아요. 독특한 마스크는 물론 매회 포기하지 않고 도전하면서 성장해가는 모습으로 화제가 되었잖아요. 원래 패션모델을 꿈꿔왔던 건가요?

👤 아뇨, 전혀 다른 분야의 장래희망을 갖고 있었어요. 사실 170cm라는 키는 모델에겐 작기도 하고요.

🎤 그럼 원래 꿈은 뭐였나요?

👤 항공사 승무원이 되고 싶었어요. 외국어 하나를 더 갖춘다는 생각에 중어중문학과를 전공했고요.

Q 너무나 다른 방향으로 흘러왔네요.

ㅅ 막상 대학에 가보니까 저와 맞지 않는 일이라고 느껴졌어요. 대학 때 쇼핑몰 모델을 아르바이트로 시작했는데 웬만한 회사원만큼 돈을 벌다 보니 큰 아쉬움 없이 더 쉽게 포기가 된 것 같아요.

Q 유명 쇼핑몰에서 모델로 3, 4년 활동했던 걸로 아는데 캐스팅 됐던 건가요?

ㅅ 아니에요. 워낙 카메라 앞에 서는 걸 좋아해서 오디션을 봤어요. 당시에는 지금처럼 모바일이 활성화된 것도 아니다 보니 매일 컴퓨터 앞에 앉아 좋아하는 쇼핑몰의 공고가 뜨길 기다렸어요.

Q 패션계로는 어떻게 오게 된 거예요?

ㅅ 당시 쇼핑몰 이사님이 예쁜 모델은 아니지만 개성을 살려 패션모델로 키워보라며 회사에 절 소개해줬어요. 첫 광고로 빈폴에서 지드래곤과 함께 찍었던 걸로 기억해요.

🎤 뜻하지 않게 흘러갔는데도 완벽히 적용하고 잘해낸 거네요. 쇼핑몰 모델에서 패션계라는 전혀 다른 분야에 놓여졌을 때 두렵진 않았나요?

👤 카메라 앞이 워낙 익숙하기도 했고 계획하고 벌어진 일이 아니지만 그래서 오히려 그냥 나답게 하자! 아니면 말고! 라는 식으로 쿨하게 다가갔던 것 같아요.

　네이버에서 운동 콘텐츠 영상을 제작한 적이 있다. 영상을 기획하면서 남들이 다 하는 대로 그저 반복적인 동작을 구성한 콘텐츠를 제작하고 싶진 않았다. 생활 속에서 근육을 강화할 수 있는 팁을 준 뒤 스튜디오로 돌아가 제대로 된 운동을 알려주는 방식으로 내용을 구성해보았다. 예를 들어 힙 강화를 위해서는 평소에도 힙에 힘을 주는 연습이 필요하다며 신사동 길거리 포장마차에서 오뎅을 먹으면서 엉덩이에 힘을 주고 있는다든지 혹은 코어 강화를 위한 호흡법을 엘리베이터에서 하는 장면을 연출해서 강한 호흡에 앞 사람 머리카락이 흩날리는 것을 보여준다. 요즘 말로 '병맛' 영상에 가까웠다.

　운동 되고 연기 되는 친숙한 이미지의 모델을 찾다가 그녀를 섭외했다. 꺼려할 수 있는 소재였지만 그녀는 재미있어 보인다며 누구보다 열심히 임해줬다. 그래서 그녀의 첫인상은 묻지도 따지지도 않고 열심히 하는 사람으로 기억된다. 무조건 따라 해라식 운동방법이 아닌 적절한 유머를 넣은 영상은 그 열정이 닿았는지 2017년 네이버 상반기 콘텐츠 순위권에서 상위에 들 수 있었다.

그 뒤로도 그녀와 예능 프로그램을 두 번이나 함께했다. 여전히 변치 않고 남아 있는 것은 무엇이든 열심히 하는 자세다. 그 부분에서 그녀를 정말 존경한다. 작업을 거듭하며 많은 대화를 나눠보니 나와 잘 맞는 사람임이 느껴졌다. 시간을 내서 함께 러닝을 하기도 하고 현재와 미래의 고민을 나누며 이제는 가장 의지하는 지인 중 하나가 되었다. 이 책을 쓰기로 결심하고 인터뷰를 해보니 대부분 자신이 꿈꿔왔던 일보다 잘하고 좋아하는 일을 직업으로 삼는 경우가 많았다. 그중에서도 그녀는 늘 목표가 분명하고 열정이 넘쳤기에 당연히 모델이라는 직업도 어릴 때부터 꿈꿔왔을 거라고 생각했지만 그렇지 않았다. 하지만 그녀의 깊은 이야기를 들으면서 모델이라는 직업을 갖게 된 그녀의 삶을 이해하게 되었다.

그녀는 백화점에서 일하는 아버지 덕분에 어릴 적부터 자연스럽게 수많은 브랜드를 알고 접하면서 브랜드마다 가지고 있는 고유한 스타일도 읽어내고 본인이 입는 옷에도 신경 쓰게 되었다고 한다. 특히 사진 찍는 것을 좋아했던 아버지의 모델은 언제나 그녀였다. 자신을 목적 없이 사랑해주는 사람 앞에서 누구보다 자유분방한 포즈와 표정이 나왔다. 어쩌다 보니 모델의 연습 과정이 된 것이다. 지금 남아 있는 것은 그때를 추억할 수 있는 수많은 앨범과 카메라 앞에서 발산되는 그녀만의 자신감이다. 그리고 대학 시절 쇼핑몰 모델 아르바이트를 시작했다. 사진으로 자신을 표현하는 게 좋아서 시작하긴 했는데 30대 여성 쇼핑몰이었다 보니 20대 초반의 자신과 어울리지 않는다는 걸 깨달았다. 곧장 다른 쇼핑몰에 도전하면서 자신의 자리를 찾아갔다.

한때 그녀는 쇼핑몰 업계에서 핫한 모델로 자주 거론되었는데, 촬영 때마다 20벌의 착장을 갈아입으며 7시간씩 버텨내는 근성도 한몫했을 것이다. 온라인 쇼핑몰 모델과 패션모델은 분명 차이가 있다. 온라인 쇼핑몰은 사진 자체가 예뻐 보여야 하기 때문에 옷 자체의 특징을 살려 표현하진 않는다. 때문에 예쁜 사진을 남기기 위해 엄청난 양의 사진을 찍을 수밖에 없다.

쇼핑몰 모델로 성공을 거두고 있을 때쯤 주변의 권유로 패션계에 흘러오게 되었다. 한번 해보고 아니면 원래의 자리로 다시 돌아가면 된다고 생각해서 비장한 결심까진 아니었던 걸로 기억한다. 처음 도전한 광고모델 오디션은 워킹뿐만 아니라 춤, 노래, 연기 등 카메라 앞에서 다양한 연출을 요구했다. 그녀에게 카메라는 두려움의 대상이 아니었기 때문에 늘 좋은 성과를 냈고, 〈도전, 슈퍼모델 코리아〉의 섭외 제안이 들어왔다. 그 프로그램이 지금의 그녀를 만든 전환점이 되었다.

막상 가보니 현직 패션모델과 유능한 지망생들이 한자리에 다 모여 있었다. 자신보다 10cm는 더 큰 사람들의 체구와 낯선 환경은 큰 벽처럼 느껴졌다. 하지만 이왕 도전하기로 한 거 제대로 부딪혀보자고 다짐했다. 아직 이루어놓은 것이 없었기 때문에 잃을 것도 없다고 생각했기 때문이다. 카메라 앞에서 자유분방한 그녀의 매력은 회를 거듭할수록 발전했고 그녀 스스로도 그 변화를 느꼈다. 프로그램에서 다양한 도전을 하고 평가해주는 과정이 진짜 자신의 모습을 찾게 했다. 그녀는 그 짜릿한 순간을 이렇게 기억한다.

"지금까지 누군가 나를 그렇게 공들여 봐준 적이 없었는데 나의 도전에 이목이 집중되는 것만으로 동기부여가 됐어요. 칭찬을 받기도 하고, 비판을 받기도 하고 말이에요. 안 좋은 이야기를 들어도 더 잘하고 싶다는 마음이 컸어요."

프로그램 종영과 함께 다양한 분야의 소속사에서 연락이 왔다. 결국 그녀는 패션계를 가장 잘 아는 소속사를 선택했다. 그렇게 패션모델의 꿈은 확고해졌다.

그녀는 자신이 운 좋은 케이스라고 한다. 모델 하면 보통 마르고 큰 키에 우리와 다른 세계에 있는 것 같은 비주얼을 떠올린다. 하지만 그 고정관념을 깨고 170cm라는 친숙한 피지컬로 모델계에서 주목받기 시작했다. 처음 패션계에 입문했을 때 전문가들은 런웨이에 설수 없을 거라고 못 박았다. 하지만 어느 날 패션위크라는 큰 쇼에서 런웨이를 걷고 있는 자신을 발견했다. 잊을 수 없는 순간 중 하나다.

친숙한 이미지와 카메라 앞에서 발산되는 끼 덕분에 소속사에서는 매거진, 잡지, 광고 등 대중에게 쉽게 노출될 수 있는 영역의 활동도 연계하고 있다. 나와 다르지 않은 모델이라는 이미지 때문에 지금도 예능 섭외가 끊이지 않는다고 한다. 그리고 의외의 활동 영역도 생겼는데 데뷔 후 가장 많이 작업한 일 중 하나는 뮤직비디오다. 하지만 뮤직비디오는 그동안 해온 포즈, 패션 소화력과 달랐다. 연기력이 필요했다. 그게 그녀에겐 새로운 목표이자 또 다른 자극제가 되었다. 지금까지도 그녀는 연기학원에서 주 2회 연기 공부를 하고 있다. 그 성과로 틈틈이 연기자로도 활동한다.

다양한 활동을 할 수 있는 건 모델 역시 프리랜서나 다름없기 때문인 것 같다. 일이 고정적이지 않아서 쉬는 날도 많다. 이때 프리한 시간 안에 늘어지면 현실에 안주하기 바빠진다. 그녀는 현재와 미래를 위해 운동으로 시간을 활용하기로 했다. 단순히 다이어트를 위한 운동이 아니다. 자신을 위한 운동이 자신감을 낳는다는 신념으로 하는 일이다. 어느새 운동은 습관이 되었고 때문에 극단적인 관리를 하지 않아도 모델로서 항상 준비된 몸이 되어 있었다. 다음 도약을 위해 이미 자신은 갖춰져 있다는 생각이 들면 일이 없어 쉬고 있어도 전혀 흔들림이 없다.

그녀는 일의 크기와 상관없이 자신에게 오는 제안을 그냥 지나치지 않는다. 누군가 나를 추천하고 선택해주었다는 믿음에 성실함으로 보답한다. 단순히 상대를 위한 성의로 끝나는 것이 아니라 자신의 새로운 목표로 설정하고 있다. 다양한 영역을 넘나들며 당차게 활보하는 모델테이너 송해나. 앞으로 또 어떤 새로운 분야에서 그녀를 만나게 될지 짐작도 할 수 없다. 분명한 건 그때마다 그녀는 성실하게 자신의 역할에 최선을 다해 임하며 그 분야를 발전시키기 위해 노력해나갈 것이다.

모델이 되고 싶다면 무조건 '자신감'

워킹과 포즈는 모델의 기본이다. 이를 잘하고 싶다면 100번을 연습해도 단 한 가지가 없으면 안 된다. 워킹을 할 때 잘하는 사람 못하는 사람을 가르는 하나의 기준은 바로 자신감이다. 데뷔도 늦었고 키도 작은 자신이 성공할 수 있었던 건 자신감 덕분이라고 자부한다. 자신감을 얻기 위해서는 두 가지를 해볼 수 있다. 먼저 옷을 입을 때 남의 옷이라고 생각하지 말고 마치 원래 내 옷처럼 보이게 마인드 컨트롤을 했다. 그 연습이 자연스러움을 키웠다. 그 다음 남에게 멋있어 보이려는 마음보다는 부끄러움을 버리고 다양함을 시도하자고 수없이 다짐하며 카메라 앞에 섰다. 자신감은 학원에 가서 돈 주고 배울 수도 없다. 본인을 다스리고 스스로가 찾아내야 한다.

많이 보는 자세

모델이 꼭 봐야 할 서적 중 패션잡지는 빼놓을 수 없다. 잡지도 국가를 가리지 않고 다양하게 수도 없이 본다. 보다 보면 트렌드의 흐름과 핫한 브랜드, 셀럽을 자연스럽게 익힐 수 있다. 또한 수많은 포즈들을 접하면서 은연중 나도 그 포즈를 익힐 수 있다.

예능과 연기를 준비하면서는 영상콘텐츠 또한 국내외 장르 상관 없이 많이 보고 있다. 영화만큼 웹툰도 많이 본다. 웹툰 속 인물들은 그림이기 때문에 감정을 좀 더 과하게 표현하고 있지만 그 감정들을 상상하며 표정을 따라하다 보면 평소 쓰지 않던 얼굴 근육도 사용하게 되어 표정이 한결 자연스러워진다. 나를 성장시키고 싶다면 그만큼 내 주변에 대한 관심은 필수다.

나만의 HOOK!

그녀는 누구보다 자기 자신을 잘 읽어내고 있어요. 자신의 신체적 조건, 자신과 어울리는 브랜드, 역할, 예능, 스타일 등을 말이죠. 보통 분야마다 연상되는 이미지가 있죠. 예를 들면 모델은 키가 커야 한다, 앙상할 정도로 말라야 한다, 시크해야 한다… 그런데 그런 이미지와 그녀는 참 많이 달라요. 정해진 이미지에 자신을 맞추기보다는 자기 자신의 장점을 최대한 읽으세요. 남들도 그 매력을 이해할 수 있을 만큼요.

MAGICIAN

전자공학을 공부했던 마술사의
마법 같은 심리학개론

이영우

Q 저는 강사들을 관리하는 에이전시 대표님인 줄로만 알았어요. 주변에서 유명한 마술사라는 말을 듣고 너무 놀랐어요.

R 네. 마술사 외에도 직업이 많아요. 마술에 입문한 지는 2019년이 되면서 16년차가 되었어요.

Q 마술에도 전공이 있어요?

R 네. 요즘 대학에도 학과들이 많이 생겨나고 있고 저도 아이들을 가르쳐요. 제 전공은 전자공학이었지만요.

Q 전혀 다른 분야네요. 마술을 시작한 건 어떤 계기였어요?

ᄋ 유년시절 아버지가 사업 실패 후 도박에 빠졌어요. 늘 빚쟁이
   를 피해 살아야 했죠. 자연스럽게 대인관계에서도 주눅 들어
   있었어요. 관심을 가져주는 친구도 단연 없었는데 우연히 사
   촌 집에 놀러 갔다가 마술책을 발견하면서 접하게 되었어요.

ᄋ 마술의 첫경험은 우연이었네요!

ᄋ 방학 때 하나둘 연습하던 걸 학교에 가서 해봤더니 점점 제
   주변에 친구들이 모이고 관심을 받게 되더라고요. 그게 너무
   좋았어요. 그래서 마술에 빠져버렸죠.

ᄋ 진로진학을 마술이 아닌 전자공학과로 가게 된 것은요?

ᄋ 부모님의 이혼으로 제가 가장이 되었고 졸업 후 빠르게 취업할
   수 있는 학과가 그 당시 전자공학과였어요. 어차피 그땐 마땅
   한 꿈도 없어서 괜찮았는데, 어느 날 화장실에서 글귀를 발견
   했어요. '자신의 인생을 사랑하는 길은 꿈을 갖는 것이다.' 그날
   마술로 성공하겠다고 집도 학교도 떠나게 되었어요.

ᄋ 아직 어린 데다가 아무 도움 없이 시작했는데 두렵지 않았어요?

ㅅ   그전까지 제 인생의 목표가 빚쟁이에게 버티는 것만 있었다
면 꿈을 가지면서 무엇이든 다 할 수 있다는 자신감이 생겼던
것 같아요.

콘텐츠에 대한 관심은 분야를 막론하고 다양해지고 높아져만 가
고 있다. 덕분에 콘텐츠 제작, 구성, 마케팅 등의 다양한 주제로 강단
에 서곤 하는데, SNS를 통해 강의 제안을 준 강사 에이전시 대표가
바로 이영우, 그였다. 그런데 다른 강사들과 출강을 하면서 듣게 된
대표의 본래 직업이 유명 마술사라는 것이다. 막연한 궁금증이 생겨
인터뷰를 제안하자 흔쾌히 수락해주었다.

휴대폰으로만 연락을 주고받다 실제로 마주한 그의 분위기는 상
상하던 것과 많이 달랐다. 흔히 마술사 하면 헤어스타일에 힘을 주거
나 개성이 강한 모습이 떠오르는데, 그는 반대로 깔끔하고 샤프한 인
상을 가지고 있었다. 대화를 하며 나오는 특유의 사투리 억양이 왠지
모를 편안함도 들게 하는 사람이었다. 그 분위기에서 유년시절부터
사랑이 충만한 삶을 살아왔을 것이라 생각했다. 하지만 그가 들려주
는 이야기는 크게 달랐다. 어릴 시절의 가난, 아버지의 도박 중독 등
무엇 하나 순탄하지 않았다. 자신이 어찌할 수 없는 것 중 유일하게
선택한 마술만이 그의 삶에 생명력을 불어 넣고 있었다. 자신의 인생
을 사랑하기 위해 선택한 마술활동은 300만원의 자금으로 객지에서

시작했다. 오디션을 보고 마술회사의 연습생으로 활동하면서 2년 동안 월급은 포기하고 오로지 배움에만 목표를 뒀다. 당시 연습생의 일과는 비둘기 배설물 치우기, 공연장 청소, 마술 도구 정리는 물론 선배 마술사의 어시스턴트 역할이었다. 그 과정에서 어깨너머 책으로만 보던 마술을 익혀나갔다.

3년 후, 공연에 목말라 있던 그에게 행운이 찾아온다. 일본 크루즈 여행 선박의 마술사로 고용된 것이다. 바다 위에서 생활하며 매일 밤마다 마술 공연을 했다. 그때 쌓은 무대경험은 자신감을 쌓아가기에 충분했다. 그 후 27살, 늦은 나이에 다시 공부를 시작했다. 이번엔 마술이라는 목표가 있는 학과 선택이었다. 그는 마술학과에 입학해 조금 더 마술을 깊이 있게 다룰 수 있게 되었다. 졸업 이후 종종 공연도 하고 마술학원도 운영했다. 취업이 보장된 전자공학의 길을 뒤로하고 선택한 마술의 길이 성공이라 단정 지을 수만은 없다. 생활고는 여전했고 더 발전하기 위해서는 타이틀이 필요했다. 그는 마지막 도전이라 생각하며 대회를 준비하게 된다. 새벽 시간을 이용해 치열하게 연습하고 밥 한 끼 차려 먹을 시간도 아까워 항상 컵라면으로 끼니를 때웠다. 그 결과 2009년 제4회 부산국제매직페스티벌에서 우승을 거머쥐었다. 그는 아직도 희열로 가득찬 눈망울로 내게 말했다.

"작가님은 기뻐서 눈물이 난 적 있나요? 그때 정말 행복해서 눈물이 나더라고요."

그가 느낀 기쁨이 어느 정도 전해져왔다. 10년이란 시간 동안 마술이란 꿈을 좇을 때 주변의 시선은 달갑지 않았다. 돈이 되지 않는다며 혹은 재능이 없다고 손가락질하는 사람도 많았다. 하지만 결국 인정받은 것이다. 비난만 쏟아내던 주변인은 보이지 않고 약 천여 명의 사람이 자신을 향해 기립박수를 칠 때, 힘들었던 지난 시간이 씻겨 내려가는 듯했다. 그는 거기서 멈추지 않고 잠을 줄여가며 꿈에 기댄 치열한 시간이 주는 짜릿함을 이어갔다. 이탈리아, 라스베이거스, 헐리우드, 피치버그는 물론 일본, 스웨덴, 영국 등 세계인과 소통하는 마술사가 되었다. 마술 올림픽에 출전하면서 국가대표 마술사라는 타이틀도 가진다. 그러나 마술계에서 자신의 존재감이 드러나는가 싶던 순간, 슬럼프가 찾아왔다.

우승을 하고 오면 모든 것이 달라질 것이라 믿었다. 하지만 여전히 수입은 비슷했고 식탁 앞에는 컵라면이 놓여져 있었다. 이은결, 최현우 같은 대중이 익히 아는 마술사가 아니고서야 티켓파워가 부족해 공연도 할 수 없었고, 대학교에 마술학과가 생기면서 매년 새로운 마술사가 배출되고 있다. 자신의 자리는 없다는 생각에 이를 무렵, 자신을 브랜드로 만들고자 다시 한 번 도전을 계획했다. 모든 것을 내려놓고 스스로에게 물었다. 가장 좋아하고 잘하는 일이 무엇인지. 당연히 마술부터 머릿속에 떠올랐다. 그리고 누군가를 가르치거나 이야기를 전달하는 강연에 강한 끌림을 느꼈다. 그래서 두 가지를 접목시키기로 했다. 인간은 상대방을 잘 설득하거나 마음을 움직이고 싶어 하는 욕구를 가지고 있다. 이 욕구를 집중도 있고 재미있게 풀어줄 사람은 다름 아닌 마술사라는 생각이 들었다. 마술은 단순히 손으로 보여주는 스킬을 벗어나 앞에 있는 관객들과 고도의 심리전을 펼치며 트릭과 환상을 보여준다. 자신은 10년 넘게 눈앞에 있는 관객들을 설득하며 살아왔고 이러한 면에서 최고의 협상 전문가라고 생각했다. 그래서 그는 상대를 설득하는 방법을 마술 스킬로 친근하게 접근해 현실적으로 풀어내며 강의 내용을 만들었다.

예를 들어 예언 마술을 한다고 치자. 봉투에 숫자가 하나 들어 있다. 관객 중 한 명에게 1~10 중에 숫자 하나를 말해보라고 권한다. 만약 관객이 숫자 7을 이야기하면 봉투에서는 7이 나온다. 이 현상은 과연 마술사가 예언한 것일까 혹은 고도의 심리전으로 봉투에 적힌 숫자를 말하도록 설득한 것일까. 이 질문을 던지면 관객은 자기도 모르게 집중하게 된다. 그러면 그는 지금 보여준 마술처럼 고객을 응대할 때 예측할 수 없는 그 마음을 움직이게 하는 것이 가장 중요하다고 설명을 덧붙인다. 단순히 '고객의 마음을 사라', '고객을 파악하는 것이 중요하다'라고만 말하면 지루한 강의로 끝났을 것이다. 하지만 마술로 시선을 끌고 실제 상황과 함께 부연 설명을 덧붙였다.

이러한 마술 강연은 다양한 분야에 활용되고 있다. 현재 많은 대기업들을 대상으로 강의를 펼치고 있고 끊임없이 섭외 제의가 들어오고 있다. 처음엔 국제대회에서 우승까지 한 마술사가 왜 강의를 하고 있냐고 의아해하던 사람들이 대부분이었지만 그는 무대와 관객의 성격만 달라진 것이라고 생각한다. 계속해서 무대를 넓혀가자 지금은 오히려 많은 마술사들이 배움을 원하고 있다. 그는 이제 단순히 마술사라는 직업 외에도 강사, 강사 에이전시 대표, 교수, 마술기획자 등 다양한 직업으로 살아가고 있다.

세계에서 가장 오래된 직업 중 2번째로 꼽히는 마술사라는 직업을 가진 것과 자신의 직업은 무한하다는 것에 자신감이 넘친다. 직장이 아니기 때문에 정년퇴직도 없다. 일본에는 80세의 전설의 마술사가 있다고 한다. 비록 손은 느려져 마술이 서툴러도 몇십 년을 쌓아온 노하우로 마술을 바라보는 시각만큼은 누구보다 예민하고 빠르다고 한다. 때문에 세계의 많은 마술사들이 그에게 돈을 지불하고서라도 자신의 마술을 평가받기 위해 찾아가고 있다. 노인은 일을 할 수 있어 기쁘고 후배 마술사들은 약 50년의 노하우를 배울 수 있어 만족감이 크다고 한다. 그 역시 손을 움직일 수 있을 때까지는 공연을 할 것이고 손을 움직일 수 없게 된다면 마술사 육성의 길을 걸을 것이라 말한다. 유년시절 지독히 어두웠던 가정환경은 당시 독이라고 생각했을지 모른다. 하지만 그때의 치열함이 꿈 하나에 몰두하게 만들어준 것이 분명하다. 그는 여전히 꿈을 꾸고 이루어가고 있는 중이다.

자존감을 높일 수 있는 직업 마술사

그에게 마술은 나약하고 내성적인 자신을 외향적으로 만든 큰 계기가 되었다. 때문에 대인관계에 있어 자신을 확인할 수 있는 수단으로도 좋았다. 그가 마술의 가장 큰 장점으로 꼽는 것은 자존감을 높이는 연습을 하며 자신을 완성할 수 있다는 것이다. 마술은 작은 성공을 경험하게 한다. 마술을 1명에게 보여주고 성공하면 이후 자신감이 생겨 2, 3명에게 보여줄 수 있고 박수를 받는다. 이 과정이 늘어나게 되면 보여줄 수 있는 마술도 다양해지고 지켜보는 사람도 많아진다. 작은 성공들이 합쳐져서 훗날 큰 성과를 일으키게 된다. 때문에 어떤 직업보다 실패와 성공에 대한 피드백을 빠르게 받고 자신을 확인할 수 있는 기회가 된다.

쇼맨십이 약하다면 다양한 경험을

마술의 세계는 꼭 관객 앞에서 화려한 기술을 보여주는 게 다가 아니다. 기본적인 성향이 내성적이어서 쇼맨십을 극복하지 못하고 포기하는 경우도 있다. 하지만 의외로 마술 안에도 수많은 직업이 존재한다. 마술 도구를 만드는 사람, 뮤지컬 공연의 마술감독, 마술 관련 제품 판매자 등 다양하다. 마술을 좋아한다고 해서 마술 실력이 반드시 보장되는 것은 아니기에 지속적인 노력에도 어려움이 있다면 곧장 포기하는 것보단 관련 일을 경험해보기를 권한다.

마술과 강의가 만나 새로운 시장을 개척하는건 아직도 생소
해요. 새로운 직업을 만들어내는 사람들은 무언가 남다른 특
별함을 갖고 있는 걸까요? 물론 좋은 아이디어와 추진력도
있었겠죠. 지금 하는 일에 큰 변화를 주고 싶거나 남들과 다
른 삶을 살고 싶다면 이렇게 생각해보세요. 자신이 가진 장점
을 잘 파악하고 2, 3개를 접목해보세요. 누구보다 자신이 가
장 잘 해낼 수 있는 직업이 탄생할 수 있어요.

BRUSH DEVELOPER

경영학도에서
브러시 개발자가 된

최이윤

🎙 '최이윤 브러시 개발자'라는 명칭보다 메이크업 아티스트에 더 가깝다고 느낄 정도로 항상 메이크업이 완벽한 것 같아요. 파우치를 보면 제가 쓰는 제품이랑 특별히 다르지도 않은데, 참 신기하단 말이죠.

🧑 베이스를 바를 때 어떻게 바르세요?

🎙 음…. 손으로 얇게 펴 바르고 두들겨요.

🧑 한국인들은 도구 사용에 익숙하지 않아서 대부분 손으로 바르는 것 같아요. 하지만 저는 도구를 이용하는 걸 추천해요.

🎙 도구라면 브러시나 스펀지 같은 걸 이야기하는 건가요?

Ꝑ　네. 저도 만든 브러시들을 테스트해볼 생각으로 사용하기 시
　　작한 건데 도구 사용의 장점이 훨씬 많더라구요. 첫 번째는 위
　　생적이어서 좋고 두 번째는 제품의 질감을 섬세하게 표현할
　　수 있어서 좋아요.

Ꝗ　한국인들의 경우 도구에 익숙하지 않다고 말씀하셨는데 그럼
　　서양인들은 그렇지 않다는 건가요?

Ꝑ　서양인은 대부분 도구를 사용해서 메이크업을 해요. 유명한
　　브러시 브랜드들이 서양에는 많은 반면 한국에는 이제 한두
　　개 정도 자리 잡아가고 있는 것만 봐도 알 수 있죠.

Ꝗ　이윤 님이 만든 브러시를 소비자들이 직접 쓰고 있는 모습 보
　　면 기분이 묘할 것 같아요!

Ꝑ　가장 희열을 느끼는 순간이기도 해요. 오랜 고민과 고뇌 끝에
　　탄생한 제품이 온·오프라인에서 판매될 때, 그리고 후기가
　　좋을 때 더 좋은 제품을 만들고 싶다는 의욕이 넘쳐나죠.

　　그녀와는 몇 해 전 크로스핏 모임에서 만났다. 뜨겁게 운동하고

환한 웃음으로 먼저 다가와 말을 건네던 모습을 잊을 수 없다. 만나게 된 장소나 첫인상만 떠올려도 에너지가 남다르다. 뷰티 업계에서 일한다는 말이 누구보다 반갑기도 했고 특히나 브러시 개발자라는 생소한 직업도 놀라웠다.

그녀는 어떤 일에든 욕심이 많다. 사회학과 경영학을 복수전공하고 닥치는 대로 인턴생활을 했던 대학생활 이야기만 들어도 수긍할 만했다. 그 열정 끝에 자신이 가장 즐겁게 일할 수 있는 곳을 찾아냈다. 화장품 기업에서 인턴생활을 하면서 자연스럽게 뷰티 업계로 일자리를 알아보았다. 찾다 보니 뷰티가 꼭 화장품에만 국한되지 않는다는 것을 알게 되었다. 국내 회사이지만 해외 브랜드를 대상으로 브러시를 개발하고 납품하는 회사의 공고에 지원했다. 그렇게 첫 사회생활을 시작한 지 올해로 7년차에 접어든다.

처음 회사에 입사해 시작한 일은 브러시의 종류를 외우는 것이었다고 한다. 그래봤자 브랜드 종류가 얼마나 되겠냐며 의구심을 품을 수도 있겠지만 '메이크업포에버'라는 브랜드에서는 브러시 종류만 40개에 달한다. 또한 브러시를 개발한다고 해서 브러시만 공부할 순 없다. 브러시는 화장품에 따라오는 악세사리 같은 개념도 갖기 때문에 화장품에 따라 어떤 브러시의 형태가 필요한지 화장품 트렌드와 시장조사도 필수다. 특히 국내뿐 아니라 해외시장도 대상으로 하는 회사에서 일했던 만큼 동서양 경계 없이 모든 걸 조사해야 했다. 그녀의 회사는 OEM, ODM의 역할을 다 한다. OEM은 생산자가 주문자로부터 설계도를 받아 제품을 위탁·생산하는 것이고 ODM은 생산자가 주문자로부터 제품의 위탁을 받아 제품을 자체 개발하여 생산하는 것을 말한다. 이 두 가지 업무도 병행하기 때문에 끝없는 커뮤니케이션의 연속이라고 한다.

브러시가 다 똑같이 생겼다고 생각할 수 있겠지만 모양, 헤어 등 디테일한 부분에 신경 쓸 게 많다. 브러시의 핵심인 헤어를 설명하자면 크게 인조모, 자연모로 나뉘는데 동물의 털로 만드는 자연모가 가장 피드백이 좋다. 하지만 최근 동물보호법이 강화되면서 인조모로 옮겨가는 추세다. 인조모는 플라스틱 원료를 실처럼 뽑아내 머리카락과 같은 느낌을 낸다. 인조모는 자연모에 가까운 퀄리티를 내는 것이 제품의 완성도를 결정한다. 브러시의 헤어 퀄리티만을 고려해도 안 된다. 브러시를 이용해 제품을 바르면 표현력이나 밀착력을 높이는 등 사용 시 잘 접목될 수 있게 만드는 것도 개발자의 몫이다.

그녀가 직업적 역량을 키운 것은 뷰티학원에 등록해 메이크업을 배운 시간이다. 브러시를 개발하려는데 직접 사용하지 않고 눈으로만 봐서는 한계가 많았다. 메이크업아티스트 자격증을 공부하면서 다양한 제품을 깔아놓고 제품별로 돌아가면서 수많은 브러시를 사용해보았다. 사용감은 물론 브러시를 눕혀서 사용할 때, 굴려서 사용할 때, 두들겨 사용할 때 등 디테일도 파악하고자 했다. 또한 브러시를 가장 많이 사용하는 메이크업아티스트들에게서 직접 제품에 대한 피드백을 듣고자 했다.

여러 과정을 통해 브러시에 대한 이해도가 높아진 만큼 제품의 아이디어도 풍부해졌을 뿐만 아니라 완성도도 높아졌다. 그녀의 머릿속에는 아직도 탄생하지 못한 수많은 브러시가 존재한다고 한다. 그 브러시들을 세상 밖으로 내놓는 것이 목표 중 하나라고 말한다.

나를 매력적으로 만들 것

그녀는 뷰티 업계에 직업을 가지면서 20kg을 감량 후 요요 없이 일정하게 유지 중이다. 결코 쉽지 않은 일이지만 퇴근 후, 혹은 주말에 꾸준히 운동하는 시간을 갖고 있다. 어떻게 보면 뷰티 업계 종사자로서 갖춰야 할 생활 습관처럼 여겨지기도 한다. 아름다움을 표현하는 것이 곧 뷰티다. 이 뷰티의 도구를 만드는 사람이 매력적인 모습이 아닌 수더분한 모습이라고 생각해보자. 그런 사람이 소개할 브랜드와 제품의 이미지가 긍정적으로 판단되기는 쉽지 않다.

자기관리에 시간을 투자하다 보면 자기애 또한 샘솟는다. 나를 사랑하다 보면 나를 가꾸는 것도 자연스러워진다. 그 아우라는 매력으로 어필된다. 내가 매력적인 모습과 자신감을 갖고 있으면 주변의 관심도도 높아진다. 체중은 물론 옷매무새, 메이크업이 완벽하지 못했을 때보다 스스로를 가꾼 상태로 제품을 설명할 때 이해도와 호응도 좋다. 완벽한 제품을 만든다 해도 시장에 나가 이를 표현할 내 자신이 관리되어 있지 않으면 마이너스 요소가 될 수밖에 없다.

언어적 스킬과 문화 이해

국내 뷰티 브랜드라고 해도 활동 무대가 한국에만 제한되지 않는다. 때문에 다양한 언어능력은 필수라고 생각한다. 더불어 언어적 센스를 갖추었다고 모든 커뮤니케이션이 완벽해지진 않는다. 그들의 문화와 트렌드도 확실히 이해하고 있어야 한다.

예를 들어 글로벌 뷰티 키워드 중 '윤광'이 있다. 피부에 빛을 내고 건강해 보이도록 표현하는 것을 말한다. 한국인들의 경우 스킨케어 단계에서 광을 내는 것을 선호하지만 미국인이나 유럽인들은 스킨케어에서 광을 내는 것을 이해하지 못한다. 그들은 색조제품인 하이라이터를 통해 윤광을 표현한다. 이러한 화장품에 대한 다른 시선과 트렌드는 필수로 익혀야 하는 것이다.

또한 타국의 트렌드와 문화를 이해하는 만큼 K뷰티의 정보력도 필수다. 글로벌 뷰티 시장의 이슈는 K뷰티의 동향이다. 보통 한국인들을 만나면 외국 바이어들은 'K뷰티에서는 어떤 게 유행이야?', 혹은 '어느 브랜드가 제일 각광받고 있어?' 등 다양한 질문이 쏟아낸다. 전체적인 트렌드를 익히며 기초, 색조 등 라인별로 특징들을 익혀놓는 습관은 커뮤니케이션의 큰 열쇠가 될 것이다.

메이크업 습관

뷰티 업계에 종사하고 싶다면 메이크업을 좋아해야 한다. 자주 해본 사람일수록 아이디어와 제품에 대한 피드백이 다르다. 브러시는 사용감이 제품의 8할이다. 메이크업을 즐겨 하는 직원은 바이어와의 대화에서도 브러시를 대하는 자세가 느껴진다고 한다. 자신이 이 브러시를 어떤 방식으로 어떤 제품을 사용했을 때 최적이라는 사용감을 좀 더 생생하게 전달할 수 있다. 또한 본인이 사용하며 느낀 피드백을 바탕으로 바이어의 반응도 짐작할 수 있다. 바이어의 반응을 미리 짐작했기 때문에 유연하게 대처할 수 있고 오히려 위기를 기회로 어필할 수 있다.

나만의 HOOK!

뷰티 업계엔 화장품 브랜드만 있는 것이 아닌 다양한 일들이 존재해요. 그리고 어디에 속하든 트렌드를 서치하고 읽어내는 능력은 필수예요. 일이라고 생각하지 말고 즐기는 방법을 제안해보고 싶어요. 계절이 바뀔 때마다 뷰티 블로거, 뷰티 유튜버들의 영상을 주의 깊게 보세요. 제품, 성분, 주제 등 공통점이 존재할 거예요. 이 세 가지만 염두에 두고 콘텐츠를 모니터링한다면 본인도 모르는 사이 완벽하게 트렌드를 읽어내고 있을 거예요.

TREND SETTER

금속공학도에서
브랜드를 컨설팅하는 트렌드세터로

오다미

🎙 〈나와 사랑에 빠진 그녀〉 일명 '나사 빠진 노처녀'의 저자가
진짜 본인이에요?

👤 맞아요. 인생에 일을 빼면 아무것도 없을 정도로 워커홀릭이
었던 시절이 있었어요. 34살이 될 때까지 써온 일기장을 들춰
보니 내가 지금 왜 이 일을 하며 살고 있고 나는 어떤 사람인
지를 알게 되었어요. 그 기록들을 정리해서 발간한 책이에요.

🎙 원래 글 쓰는 것을 좋아했어요?

👤 동화작가를 꿈꿨어서 글과 그림은 항상 곁에 두었어요. 대학
진학을 못 할 수도 있는 상황이었는데 그림을 그릴 수 있다는
말과 지인의 추천으로 금속디자인학과를 갔거든요. 모두가

247

묵직한 디자인의 쥬얼리를 그릴 때 저는 부엉이, 고양이 같은 걸 그렸지만요.

Q 단순히 그림을 그리는 것만으로 꿈이 해소되진 않았네요. 계속해서 본래 꿈으로 리턴하잖아요.

A 결국 22살에 인형극단 인형 디자이너가 되었어요. 2년 정도 인형을 만들며 전국을 떠돌았는데 집에 올 시간조차 없으니 부모님은 불안하셨는지 차라리 글을 쓰라며 다시 집으로 부르셨어요.

Q 어떤 글을 쓰기 시작한 거예요?

A 한국방송작가원에서 극작을 배우면서 생활비를 벌 겸 신사동 대형 스포츠센터에서 아르바이트를 했어요. 그러다 어느 날 스포츠센터 홍보 과장님이 수입 뷰티 브랜드 홍보 일을 제안하시더라구요. 그곳에 가면 주제는 정해져 있어도 자유롭게 기획하고 글을 쓸 수 있다는 말에 당장 따라갔어요.

Q 10~15년 사이 누구보다 변화가 많지만 결국 똑같은 건 크리

에이티브한 일을 찾아다니신 것 같아요.

뷰티 프로그램을 준비하면서 삶 자체가 뷰티인 사람들의 이야기를 담고 싶었는데, 수소문 끝에 섭외하게 된 사람 중 하나가 바로 그녀다. 아모레퍼시픽 브랜드 대행을 10년 가까이 한 끝에 부장이란 타이틀을 얻었지만 현실에 안주하기 싫어 사표를 낸 직후였다. 당시 그녀를 아는 주변 사람들은 모두 의아해했지만 내가 보기에 그녀는 직장이라는 둥지를 잃은 새라기보단 날 수 있는 방법을 터득한 다 자란 어른 새 같았다. 자유로워 보이는 분위기와 어떤 일이든 해낼 각오가 되어 있는 모습은 에너지가 넘쳐흘렀다. 변화를 즐기는 삶에 대한 태도는 그녀라서 가능해 보였다.

그녀는 개인 SNS조차 예사롭지 않다. 자기 취향이 확고하고 호기심이 왕성하다. 똑같은 사건을 두고도 기교는 없을지언정 남들과 다른 센스가 묻어나는 문장으로 표현한다. 그 특유의 문체로 이미 수많은 팬을 보유하고 있다. 그녀의 글을 읽으면 대부분 얼굴에 자연스레 미소가 번진다.

그녀의 삶을 다시 돌아보면 '창조', '쓰기'를 빼놓을 수 없을 것 같다. 어린 시절 단순히 동화 작가를 꿈꿨다는 그녀는 여전히 캐릭터, 만화 등 상상력을 자유자재로 발휘할 수 있는 것들에 대한 애정이 상당하다. 생각의 자유로움을 발산하는 요소로 동화는 또 다른 세계였던 것 같다. 그리고 그 생각을 가장 잘 표현할 수 있던 유일한 재능은 글쓰기가 아니었을까 싶다. 생각하고 글쓰는 행위에 대한 욕구를 10년간 해소해주었던 게 홍보대행사의 일이었다는 것도 놀랍다.

홍보대행사는 담당 브랜드를 대신해서 트렌드와 타겟층에 맞추어 해설해주는 역할을 한다. 브랜드의 매력을 파악하고 지금껏 보지 못한 그림으로 다양한 채널에서 브랜드를 소개한다. 그녀는 새로운 주제로 매주 기획기사를 썼다. 어떤 이에게는 쓰는 행위가 스트레스였다면 그녀는 너무 즐거웠다고 말한다.

"쓰는 작업이 너무 좋아서, 멈출 수가 없어요."

이름조차도 특이한 그녀. 그 뜻을 들여다보니 많을 다, 아름다울 미였다. 아름다움을 담아내는 사람이 아닌가. 이름으로부터 인생이 정해져 있다는 말을 들은 적 있다. 이런 삶을 발견할 때 맞장구를 치게 된다. 그녀는 뷰티라는 세계에서 트렌드를 짚어내고 아름다워지는 정보를 수도 없이 쏟아내며 살고 있었다. 사실 동화만 꿈꾸던 그녀의 삶에 뷰티는 관심 밖이었다. 그래서 가장 힘들었던 부분 중 하나는 본인 자체가 트렌디하지 않은데 트렌디한 성향에 있어야 했던 것이라고 한다. 이를 벗어나기 위해 타겟층 세대가 소통하는 공간을 시도 때도 없이 들여다본다고 한다. 그 습관은 일이 아닌 일상이 되어버려 방아쇠수지증후군이라는 직업병도 얻었다. 손바닥과 손가락의 반복적인 사용으로 인해 같은 위치에 있는 힘줄이 지속적으로 자극을 받게 되고 그 자극이 염증이 되어 통증을 동반하는 경우다. 정보를 접하는 곳이 오프라인이 아닌 온라인과 모바일이다 보니 전자기기를 반복해서 사용하는 경우가 많아졌기 때문이다.

그런 그녀가 얼마 지나지 않아 새 직장을 정했다는 소식을 들었다. 대행사에서 나오면 본인이 대행사를 차리는 경우가 많다. 그런데 자기 사업이 아니었다. 그녀가 새 둥지를 틀게 곳은 1인 미디어 시장에서는 꽤 유명한 곳이다. 국내 유명 유튜버들의 매니지먼트와 뷰티 크리에이터 아카데미를 운영하는 레페리였다. 그곳에서 그녀는 기업 내 마케팅 본부에서 브랜드에 적합한 마케팅 솔루션을 제시하는 브랜드 컨설팅팀 팀장이 되었다.

그녀의 말 끝에 꼭 따라오는 한마디가 있다. "홍보녀는 곧 정보녀야." 누군가의 브랜드를 홍보하려면 바뀌는 트렌드를 장르에 상관없이 빨리 읽어내야 한다. 시시각각 바뀌는 트렌드를 빨리 읽어내기 위해 음식점의 메뉴, 새로 생긴 가게, 국내외 뷰티 아이템 등 신경을 곤두세우고 관찰한다. 읽어내는 것으로 끝이 아니라 누군가에게 전달할 수 있게끔 정보화시키는 것도 필수다. 일상과 일의 경계가 흐릿해졌지만 그녀는 만족한다. 이 직업병이 본능이 되어 일할 때 다양한 기획력으로 발산되고 있기 때문이다.

요즘 뷰티 시장의 중심 타겟층은 10대다. 어쩌면 30대 후반의 그녀에게 트렌드 읽기는 조금 버거울 수도 있다. 하지만 그녀는 어린

나보다 신조어를 더 많이 알고 있다. 호기심을 무기 삼아 주 고객인 10대에 대한 집요한 관심 덕분이다. 10대들이 좋아하고 관심 갖는 게 있으면 자신도 좋아하려고 노력하며 살고 있다고 한다. 그렇기 때문에 2030대 타겟층인 브랜드에서 10대가 주 타겟층인 유튜브 시장으로 들어설 수 있었던 것 같다. 제3자의 입장에선 그녀의 환경이 너무나 달라진 거 아닌가 하는 생각도 들었지만 생각은 이렇다. 그동안 브랜드 광고에만 집중했다면 지금은 브랜드와 크리에이터의 중간 역할을 맡게 되었을 뿐이고 일반 매체에서 특수화된 매체로 이동했을 뿐이라고 말이다.

그녀의 관리 대상이 된 새로운 분야는 뷰티크리에이터다. 요즘 뷰티크리에이터들은 단순히 좋아하는 것을 영상화하는 취미생활의 개념을 넘어섰다. 신선하면서도 소통할 수 있는 콘텐츠에 대중이 열광하면서 업계가 움직이고 있기 때문이다. 때문에 많은 업계에서 1인 미디어를 마케팅에 적극 활용하고 있다. 협력 및 활용 전략이 곧 브랜드의 경쟁력이 되기도 한다. 이제 뷰티크리에이터들을 움직이는 광고판이라고도 불린다. 브랜드는 단순 노출을 목적으로 제품을 지원하는 양산을 넘어 파트너십을 한다. 비즈니스에 능하지 않은 이들을 관리하며 수익을 공유하는 MCN(Multi Channel Network)이 중요한데, 바로 여기서 중간자 역할을 하는 것이다. 새로운 것을 창조하는 일을 즐기는 그녀에게 이 분야는 굉장한 재미를 안겨다준다. 과거 보이지 않던 소비층에게 보여주기식 광고를 했다면 이제는 다르다. 지금은 직접 소비자와 소통하는 크리에이터들을 통해 창의적인 방법으로 트렌드를 전달하고 관리한다. 가장 큰 장점은 소비자들의 반응을 즉각적으로 확인할 수 있는 것이다. 이 과정에서 자신의 존재를 다시금 확인하고 있다.

갑질? 욱하지 말고 역지사지(易地思之)부터

뷰티 업계에서 일하다 보면 자연스레 갑을 관계가 정해진다. 누구나 '갑질' 아닌 '갑질'을 경험하게 된다. 그 상황을 못 견뎌 떠나는 사람도 많다. 그녀 역시 이러한 경험이 많다고 한다. 하지만 '왜 내가 이런 꼴을 당해야 하지?'라는 생각으로는 절대 최고가 될 수 없다고 말한다. 한 번만 그 사람의 입장이 되어보길 권한다. 모든 사람이 항상 웃음을 띠고 선할 순 없다. 특정 위치와 상황에 놓여졌을 때 반드시 그럴 수밖에 없는 이유는 존재한다는 것이다. 순간의 상황에 휩싸이지 말고 조금 더 멀리서 그 과정과 사람을 바라보면 일의 스트레스 강도도 조절할 수 있을 것이다.

지칠 줄 모르는 호기심

지금까지의 수많은 직업과 다양한 경험의 토대는 호기심 때문이었다. 이 호기심은 단순 일뿐만 아니라 주변 사람들에 대한 관심으로도 나타난다. 호기심이 꼭 어린아이만 있으라는 법은 없다. 30대 후반의 그녀는 호기심의 힘으로 살고 있기 때문이다. 호기심이 독이 아닌 약이 된다는 이유는 이러하다. 호기심을 갖기 시작하면 이 답을 얻기 위해 찾고, 체험하는 행위를 계속해서 하게 된다. 호기심은 자신을 성실하게 만든다. 그리고 이 과정은 창의적인 아이디어를 기획해야 하는 일에서 빛을 낸다.

그녀의 창의력과 호기심 뒤에는 항상 새로운 시선의 아버지
가 있었어요. 벽에 낙서를 하면 "우리집에 피카소가 사네" 하
시고 색종이를 찢어놓아도 "새로운 캐릭터가 생겼네" 하며
어떤 행동을 해도 상상력이 풍부하다고 오히려 칭찬을 들었
어요. 그 칭찬의 힘은 더 무궁무진한 생각의 열매를 맺게 했
는데요. 내 주변에서 들려오는 칭찬에 귀 기울여보세요. 그리
고 나 자신에게도 무한칭찬을 해주세요. 창의력은 독서나 공
부로만 만들어지는 게 아니니까요.

Pilates

물리치료사에서
필라테스 강사가 된

편주희

🎤 필라테스를 오래 해왔지만 물리치료사를 전공한 강사님은 극히 드문 것 같아요. 선생님 수업에 참여하는 회원들은 몸의 구조, 건강 상태에 대한 질문도 자연스럽게 하게 될 것 같아요.

🧍 질문도 많이 받지만 저 역시 습관적으로 상대의 자세나 행동들을 관찰하면서 몸 컨디션을 체크하게 돼요. 평소 이슬 님한테서도 항상 느끼던 건데, 습관적으로 앉아 있을 때 팔짱을 끼고 이야기하거나 어깨가 굽는 것 같더라구요. 그럼 소화기관에도 영향을 미칠 수 있어요.

🎤 정말요? 안 그래도 자세를 바르게 하려고 노력도 하고 운동도 병행하는데 오랜 습관이라 고치기 어렵더라구요. 소화 기능이랑 자세가 그렇게나 관련이 있나요?

ㅅ　일단 소화제 같은 약에 의존하는 습관은 버리고 대흉근 스트레칭을 해보세요. 굽은 어깨, 등은 내부 장기들을 압박하면서 소화 장애를 일으킬 수 있어요. 우리 회원님들 중에서도 같은 문제로 고민하다가 운동과 함께 습관을 개선하면서 좋아진 사례가 많아요.

ℚ　실천해볼게요! 필라테스 하면 보통 다이어트나 몸매 라인을 얻기 위한 걸로 생각할 수 있는데 아픈 곳이 개선된다면 만족감도 더 높을 것 같아요.

ㅅ　물리치료사로 일할 때 배운 질환별 진단과 재활치료법들이 운동을 가르칠 때 큰 도움이 되었어요. 걸음걸이, 사소한 습관까지 체크하고 원인을 찾아 구조적인 것부터 바로잡으려고 노력하고 있어요.

ℚ　물리치료사를 그만두고 필라테스 강사가 된 걸 후회하진 않으세요?

ㅅ　원래는 환자들을 통증에서 해방시켜줄 수 있도록 충분히 케어하면서 건강을 찾아주는 일을 하고 싶었어요. 그런데 막상

물리치료사가 되어보니 현실은 시간에 쫓겨서 형식적인 치료에 국한되더라고요. 지금은 통증이 있는 사람의 몸과 마음을 다 살펴보고 제가 가진 지식을 조금이나마 활용해서 도움을 줄 수 있다는 데 만족감이 커요.

🎤 필라테스 강사라는 이름으로 제한시키기엔 한계가 있는 것 같아요. 운동뿐만 아니라 생활 습관이나 신체의 밸런스를 케어해주고 있잖아요. 라이프 테라피리스트 또는 바디마인드 컨설턴트라는 이름이 더 어울리는 것 같은데요?

몇 해 전 어느 마라톤 대회의 서포터즈로 활동하면서 생애 처음으로 11km 코스의 마라톤을 준비했다. 운동을 좋아하는 다양한 젊은 이들이 모인 자리에서 그녀와 인연이 되었다. 그녀는 50여 명의 서포터즈 사이에서도 유난히 돋보이는 피지컬과 고난이도의 스트레칭 자세로 눈길을 끌었다. 모델이거나 운동을 직업으로 둔 사람일 거라 짐작했는데, 자신을 필라테스 강사라고 소개했다. 그렇게 그녀와 알게 되고 약 두 달 뒤 마라톤 대회가 시작되었다. 총 소리와 함께 수백 명이 달려나가며 고독한 싸움이 시작되었다. 한참을 달리다 보니 내 옆에는 그녀가 나란히 뛰고 있었다. 가슴이 터질 것 같고 다리가 저려와 뒤처지기 시작할 때, 그녀는 나의 앞뒤를 오가며 내가 11km를 완주할 수 있게 도와주었다. 완주 후에도 내 컨디션을 살피고 몸의 이곳저곳을 지압해주는 것을 보아 뭔가 능숙하다는 느낌을 받았는데, 얼마 지나지 않아 그녀의 직업이 원래는 물리치료사였다는 것을 알게 되었다.

그녀는 중학교 때 몇 주간 걸음을 못 걷게 된 적이 있었다. 수학여행의 단골놀이인 말뚝박기를 하다 벌어진 일이다. 15명의 친구들이 엎드려 있고 그 위를 펄쩍 올라 엉덩방아로 내리꽂았다. 게임과 재미는 순식간에 끝났지만 허리의 통증은 그때부터 시작되었다. 더 무서웠던 건 통증은 허리로 느껴지는데 다리가 말을 듣지 않는 것이었다. 결국 아예 걸을 수 없는 지경이 되면서 구급차에 실려 병원으로 향했다. 디스크 또는 좌골결절 쪽 염으로 인해 신경이 눌린 것 같다는 진단을 받았다. 그래도 일시적인 것이니 금방 회복될 거라 했지만 통증은 약을 먹는 순간만 괜찮았고 다리는 감각도 없이 앙상하게 메말라갔다. 감각이 없으니 대소변도 가리지 못해 기저귀에 의존해야 했다.

그렇게 한 달을 힘겹게 보내고, 보다 못한 그녀의 어머니는 퇴원을 수속해버렸다. 어머니의 손에 끌려 간 곳은 동네에 소문난 한의원이었다. 거기서 비틀어진 뼈와 근육, 인대를 바로잡는 추나요법을 받았다. 그리고 한의사를 통해 침 치료와 물리치료를 병행한 결과 서서히 다리에 온기가 느껴지며 힘이 들어가기 시작했다. 이때 치료 전후로 통증을 케어해주던 물리치료사들이 큰 안정감을 주었는데, 물리치료사에 관심을 갖고 꿈꾸는 계기가 되었다.

물리치료사는 물리적인 방법으로 통증을 케어하는 사람이다. 자신이 도움을 받았던 만큼 누군가에게 도움이 되고 싶어 대학에 진학해서 해부학, 운동치료, 질환별 증상 등에 대해 공부하면서 대학병원에서 물리치료사로 일을 시작했다. 하지만 현실은 달랐다. 치료사 한 명이 하루에 적게는 열 명에서 수십 명을 기계적으로 치료해야 했고 의료기사법에 따라 물리치료사는 의사의 지도하에서만 치료를 할 수 있었다. 자신의 의지와 다른 환경에 답답함을 느끼고 있을 때, 대체 의학을 접했다. 한 환자를 통해 많은 깨달음을 얻은 것이다. 무릎을 다친 경험이 있던 그 환자는 엑스레이로 볼 때는 지극히 정상이지만 여전히 통증을 느끼고 있었다. 몸은 회복되었지만 마음은 통증의 기억을 지워내지 못한 것이다. 통증이 꼭 다쳐서 오는 것만이 아니라 마음의 문제가 될 수도 있다는 것을 절실히 깨달았다. 이러한 깨달음이 대체의학을 공부하게 만들었고, 통증을 호소하는 환자들을 좀 더 넓은 시야로 바라보게 된 계기가 되었다. 이 영역에 대해 좀 더 알고 싶었던 그녀는 사직서를 냈다.

몸에 대한 구조의 문제, 정신적 문제에 대해 한참 빠져 공부하던 중 스포츠센터에서 제안을 받았다. 통증으로 인해 운동을 시작하는 사람이 많은데 일반 강사들은 운동만 가르칠 뿐 아픔의 원인을 해소해주지 못한다는 것이다. 처음엔 스포츠센터에서 치료를 할 수 없는 노릇이기에 고민했지만 회원들의 케이스에 대해 조언하는 정도는 가능하겠다는 생각에 무엇이라도 해보자는 마음으로 일을 시작했다. 아는 지식을 활용해 두통이 있는 사람은 어깨와 목의 긴장감을 풀 수 있는 운동을 제시하는 식이었다. 그렇게 그녀와 함께 운동을 하고 인연을 맺은 사람들은 하나같이 말한다. 몸에 대해 잘 아는 사람이 운동을 가르쳐주니까 확실히 더 좋은 것 같다고. 자신이 도움이 된다는 확신을 얻으면서 관련된 자격증을 알아보던 중 당시 떠오르던 필라테스를 알게 되었다. 통증 없이 연속적으로 근육을 운동시켜 강화하는 필라테스는 그녀에게 충분히 매력적이었다.

그녀의 필라테스 수업은 50분 동안 맹목적으로 몸을 움직이는 것에 그치지 않는다고 한다. 운동을 시작하는 동시에 그 사람의 컨디션을 눈여겨보면서 일상의 이야기를 충분히 들어주는 것으로 수강생의 긴장을 풀어준다. 그녀는 스트레스나 긴장감이 과부하된 상태로 운동을 시작하면 완벽한 운동 효과를 볼 수 없다고 생각한다. 언젠가 유명 푸드스타일리스트와의 만남을 통해 이 믿음에 확신을 갖게 되었다. 그는 직업병 때문에 얻은 골반, 허리, 다리의 통증으로 일을 하지 못하는 상황에 이르러 그녀를 찾아왔다. 수많은 병원과 갖은 통증치료에 질려 마지막으로 운동을 선택한 사례다. 그동안 많은 치료를 받아왔음에도 왜 효과를 보지 못한 것일까. 일단은 지쳐 있는 그가 꾸준히 운동할 재미를 붙이도록 해야겠다는 생각이 들었다. 대화를 통해 마음의 안정을 주는 것은 물론 서서 일하는 환경을 고려해 선 채로 할 수 있는 동작, 평소 생활에 접목시켜 할 수 있는 운동 방법을 가르쳤다. 다이어트를 목표로 한 것이 아니었는데도 운동에 재미를 붙인 푸드스타일리스트는 과체중을 벗어나고 통증과 관련해서도 완치 판정을 받았다.

알고 보니 지금까지 그 푸드스타일리스트는 자기 사업에서 발생하는 문제들과 더불어 운동을 해야만 한다는 부담감 때문에 어마어마한 스트레스 속에 있었다고 한다. 다행히 그녀와 운동할 때만은 마음의 안정을 느끼게 되면서 통증도 호전되고, 나아가 재미를 붙여 완치될 수 있었던 것이다. 그로부터 2년째 운동을 놓지 않고 이어오고 있기도 하다. 이 과정에서 그녀는 스트레스가 운동 효과에 영향을 미칠 수 있다는 생각을 하게 되었다.

누구나 각기 다른 습관, 직업, 환경을 가지고 있다. 때문에 그녀는 가르치는 회원들을 위해 매일 새로운 것을 공부하고 있다고 말한다. 그녀는 지금도 통증으로부터 누군가를 해방시켜줄 삶의 조력자를 꿈꾸고 있다.

자신부터 운동을 즐기자

필라테스를 치료로 볼 수는 없다. 하지만 치료를 돕는 재활운동이 될 수는 있다. 이 분야를 꿈꾼다면 자신을 위한 운동에도 적극적으로 임해야 한다고 조언한다. 그녀는 필라테스 외에도 꾸준히 웨이트와 러닝을 하고 있다. 다양한 운동으로 근육이 쓰이는 감각을 느낄 줄 알아야 하고 그 느낌으로 티칭이 가능하다고 믿는다. 또한 남에게 건강함을 전달하는 직업인데 자신이 관리되어 있지 않으면 상대에게 신뢰감을 심어줄 수 없는 것은 당연하다. 운동을 할 때 가르침을 받는 이유는 운동 방법을 터득하기 위한 이유도 있지만 '이 사람처럼 되고 싶다'는 심리적인 이유도 크다. 이 점을 잊지 말아야 한다.

정년퇴직 없는 삶

그녀는 이 직업을 선택함에 있어서 오래 일할 수 있다는 안정감이 큰 만족을 준다고 한다. 몸과 마음의 단련을 위한 재활로 필라테스를 권유하면서 일을 할 수 있는 영역도 넓어지고, 그만큼 직업도 디테일해졌다. 갱년기 필라테스, 성장기 필라테스, 임산부 필라테스, 몸의 균형이 맞지 않는 사람을 위한 필라테스 등 다양하다.

20대, 30대를 경험하고 그 나이 때 오는 몸의 변화를 직접 느낌으로써 자신과 비슷한 사람을 가르칠 때 훨씬 효과적임을 느꼈다. 그래서 그녀는 다가올 자신의 40대, 50대가 더 기대된다고 한다. 나이가 들어감에 따라 더 테크니컬한 공감 능력 또한 갖출 수 있지 않을지 기대해본다.

필라테스 강사라고 해서 꼭 활동영역이 스포츠센터여야 할까요? 센터에 못 오는 사람들을 위해 1:1 홈케어도 할 수 있고 유튜브를 통해 영상 티칭도 가능해요. 직업병 케어를 위한 기업 강의, 성장기 어린이들을 위한 학교 강의 등 자신의 장점에 맞추어 무궁무진한 직업 영역을 만들기 쉬운 분야 중 하나라고 생각됩니다.

SECRETARY

시인 지망생에서
철두철미한 대기업 비서로

박연정

🎙 시인이 될 줄 알았는데 비서가 된 모습이 새롭고 낯설어요. 잘 적응할 수 있을까 걱정했는데 그래도 일을 즐기며 사는 것 같아서 너무 보기 좋아요.

👤 처음에는 저도 저와 맞지 않은 옷을 입고 있다는 느낌이었어요. 하지만 벌써 5년차에 접어들었고, 이제 제 삶이 되었네요.

🎙 하루의 패턴은 어떻게 되나요?

👤 아침 8시에 출근해서 5시에 퇴근해요. 하지만 항상 20분은 먼저 출근해 있는 편이에요. 모시는 임원이 오기 전에 준비해두어야 할 게 있거든요.

Q 비서는 어떤 일이라고 설명해야 할까요?

A 임원의 한마디에도 모든 것을 읽어내고 일이 진전될 수 있게 완벽하게 세팅해놓는 사람. 일반적으로 사람을 대한다는 자세보다는 VIP를 응대한다고 생각하는 게 더 쉬울 것 같아요.

Q 일하는 데 큰 어려움은 없나요?

A 기술적인 부분보다 사람을 대하는 부분이 가장 신중함을 요하는 것 같아요. 제가 모시는 임원의 모든 정보를 미리 알아두고 업데이트해서 결함 없이 센스 있게 일처리를 해야 하거든요.

Q 센스가 요구되는 거네요. 이건 정말 누가 가르쳐줄 수 있는 게 아닐 텐데.

A 그렇죠. 예를 들어, 커피에 일가견이 있는 임원이라면 믹스커피보단 좋아하는 원두를 파악해서 준비한다거나 회사의 가장 높은 분인 회장님 보고가 있는 날에는 유독 분위기가 예민해져 있기 때문에 평소보다 행동과 말을 조심한다든지 전체 상

황을 파악하는 게 곧 능력이 되는 거 같아요.

🎙️ 그런데 글을 쓰며 살고 싶어 했잖아요. 전혀 다른 일을 하고 있는데 지금은 글에 대한 미련은 없어요?

🧑 지금도 매일 글을 쓰고 있어요. 아무래도 사무직이다 보니 수많은 파일을 만들면서 맥락에 맞게 글을 정리하고 문서 작업을 해야 하는데, 이것도 글의 일환이라고 할 수 있죠. 이 경험이 농익어 훗날 공감대 높은 글을 완성할 수도 있다고 생각해요. 글을 쓰는 건 공감에 바탕을 두는데, 임원을 모시면서 남의 입장을 먼저 파악하는 훈련을 계속 하고 있으니까요.

그녀는 입시 시절 나와 함께 문학도를 꿈꾸며 글공부를 했었다. 사실 우리 둘의 삶은 문학도에서 많이 멀어져 있는지도 모른다. 그녀는 대기업의 비서가 되었다. 비서라는 직업은 사전적 의미에서 알 수 있듯이 경영자 혹은 관리자가 본인의 업무에 전념할 수 있도록 보좌하는 역할을 한다. 보좌하는 역할이라고 해서 단순 업무는 아니다.

"입은 무겁고 엉덩이는 가볍게!"

TVN에서 방영된 드라마 〈김비서가 왜 그럴까?〉에서 박민영이 맡은 역할 역시 비서였다. 인수인계를 하는 과정에서 저 말을 남기며 무수한 파일이 공개되는데 연도별 업무일지, 해외 출장기록표, 접견기록표, 향후 6개월간의 일정, 임원별 개인 음료 취향 리스트까지, 한 사람을 보좌하기 위해 업무 외에 커뮤니케이션하는 모든 과정을 다 체크해야 한다. 비서라는 직업은 그렇게 많은 사항들을 다뤄야 하는 걸까. 생각해보면 그녀는 늘 나와 달랐던 것 같다. 나는 빠르고 눈에 보여지는 순간적인 것만 관찰하고 방대한 이야기로 묘사하기 바빴던 반면 그녀는 느리지만 세심했다. 오랜 시간 관찰했고 그 고민을 한 문장에 담아 시로 완성하곤 했다. 그 세심함은 글에서만이 아닌 그녀라는 사람 자체에서도 나타난다. 항상 친구인 나를 대할 때도 오랜 고민 끝에 나온 배려심이 묻어난다.

2년제 문예창작과를 졸업하고 머지않아 4년제로 편입해 더 깊이 있게 글을 공부했다. 하지만 사실 문학도로 살아가기엔 현실이 너무 불안정했다. 글만 생각하느라 구체적인 꿈을 꿔본 적이 없었고, 그래서 안정적이면서도 큰 기술이 필요하지 않은 사무직 중 비서가 되었다. 처음 비서가 되었을 때 그녀는 길을 잃은 사람 같아 보였다. 하지만 해를 거듭할수록 일이 손에 익으며 이제는 그 직업의 일부가 된 느낌이다. 대기업 임원 비서로 살아가는 그녀의 분위기는 굉장히 여유롭고 자신 있어 보인다.

한 마디 질문에 열 마디 대답을 제시하는 자

임원이 하는 일을 능숙하게 처리할 수 있도록 도움을 주는 자가 곧 비서다. 또 일을 하는 과정에 질문이 생겨난다면 이것 또한 재빠르게 대응해야 한다. 대부분 이 업무 처리는 문서 작업으로 이루어진다. 지금 일어난 일, 앞으로 일어날 일, 과거에 한 일 등이 모두 문서화된다. 어쩌면 습관적으로 메모하는 사람에게는 쉬운 일일 수도 있다. 개인 메모라면 홀로 알아보기 쉽게 축약해서 적어도 되겠지만 이 문서는 다르다. 상사가 보았을 때, 혹은 누군가에게 공유했을 때 너무 길어서도 안 되고 몇 문장 내외로 상황이 이해될 수 있게 간결해야 한다. 간결하다고 해서 짧은 대답은 옳지 않다. 한 가지를 질문하더라도 발생할 수 있는 여러 상황을 미리 서치하고 파악해 수십 가지의 대안을 갖고 대답해야 한다. 구두가 아닌 문서에서는 보는 사람의 이해를 돕게끔 보도자료, 사진, 그래프 등을 사용함으로써 시각화하는 것도 효과적이다. 반드시 간결하되 설명이 필요 없도록 육하원칙 위주로 작성해야 한다.

누군가의 말에 잘 귀 기울여주는 습관

그녀는 말하는 것을 좋아하는 나와는 다르게 듣는 걸 좋아하는 사람이었다. 잘 들어주는 사람이라는 것은 다른 사람의 말에 귀를 기울여주는 것도 있지만 상대방이 어떤 감정으로 말하는지, 왜 그 감정을 느끼고 있는지를 파악하고 리액션을 잘하는 것도 한몫한다. 그녀는 공감능력대가 굉장히 뛰어나다. 또한 내가 하고 있는 이야기의 의도가 이것이 맞는지 적절한 예를 들어가며 질문을 곁들이기도 한다. 그녀와 대화를 할 때에는 대화가 딴길로 샌다거나 내 이야기를 지루해한다고 느껴본 적이 없었다.

비서는 지시를 받고 보고를 하기 전 상사의 의견을 명확히 이해하는 것이 중요하다. 상대의 말을 제대로 이해하지 못하고 일을 진행한다면 돌이킬 수 없는 업무 사고가 일어날 것이다. 지시를 받는 순간 가장 빠르게 해야 할 일부터 우선순위를 정하고 진행해야 한다. 또한 그사이에도 즉각적으로 해야 되는 잔업무가 많기 때문에 무엇보다 빠른 피드백과 순발력이 필요하다. 비서는 한 명이지만 임원이 원하는 역량은 둘 이상이기 때문이다.

'하는 일은 많지만, 보여지는 업무 성과는 없다.'
비서들의 딜레마라고 해요. 그럼에도 불구하고 비서가 사라
지지 않고 존재하는 이유 또한 여기에 있어요. 이들이 없다면
그 수많은 일이 처리되지 않고 밀리면서 모두가 불편해지는
데요. 결국 회사 소통의 열쇠는 비서가 쥐고 있다는 게 가장
큰 직업적 보람과 장점이 아닐까요!

강효진

X

김형민

X

윤선영

X

김지수

현재의
자리에서
최선을 다하면

NURSE

웰다이(Well-die)를 돕는
백의의 천사

강효진

人   모교에서 후배들을 대상으로 직업 강의를 하게 될 줄은 상상도 못했어요. 제 직업에 대한 책임감도 더 생기고 감회가 새롭더라구요.

🎤   간호사를 희망하는 후배들은 어땠어요?

人   전문직이다 보니 관심이 많은 것 같아요. 옛날에는 여학생 비율이 높았는데 이번에는 남학생들도 많았어요.

🎤   기사를 보니 최근 10년간 간호학과 입학 정원이 1만 1147명에서 2배 이상 증가했다고 해요. 날로 늘어가는 취업난 때문에 전문직 선호도가 높아지는 건 당연한 거 같아요.

Å 맞아요. 저는 집안 사정상 직업을 고를 때 안정성에 초점을 맞춰야 해서 간호사를 선택한 거지만, 잘한 일 같아요.

Q 대부분 간호사는 나이가 들어서도 할 수 있는 거죠?

Å 네. 본인만 원한다면요. 하지만 업무강도가 약한 편은 아니라서 일이 힘들다는 건 염두에 두어야 해요.

Q 어느새 간호사가 되신 지 10년이 다 되어가네요. 근데 이렇게 오래 일할 수 있었던 이유가 단순히 안정감 때문만은 아닌 것 같은데요.

Å 19년 기준으로 9년차예요. 초반에는 돈을 벌기 위한 수단으로 생각할 때도 있었어요. 하지만 이것도 사람과 사람이 소통하는 일이잖아요. 제가 케어한 사람들이 회복하고 행복해지는 것을 보면서 저도 긍정적인 마음을 갖게 돼요.

Q 그랬군요. 심장내과에 오래 있다가 호스피스로 옮겼는데 힘들진 않아요? 죽음을 준비하는 환자들이 오다 보니 정신적으로도 힘들 것 같은데….

익숙한 일에서 벗어나 새로운 마음으로 임해보려고 지원했는데 정말 많은 것을 얻고 경험하고 있어요. 환자가 맞이하는 죽음뿐만 아니라 제가 죽음을 대하는 자세도 많이 달라졌어요.

직업에 대해 이야기하는 표정이 한결 편안해 보여요. 오늘 후배들도 그 애정과 자부심을 충분히 느꼈을 거예요.

그녀는 나의 중고등학교 동창이다. 물론 동창이라는 한 단어로 묶어버리기엔 나눈 정(情)도 추억도 많은 절친이다. 외향적인 나와 달리 모든 게 반대인 그녀는 조용하고 차분하며 한쪽에 치우침 없이 중도에 서 있는 사람이다. 시험에서도 늘 상위권에 있던 그녀는 수시입학으로 3년제 간호학과에 진학했다. 졸업과 함께 국가고시인 간호사 시험에 합격해서 순탄하게 대학병원에 취업했다.

그녀는 처음 일을 시작한 심장내과에서 거의 7년의 시간을 보냈다. 심장내과는 협심증, 심근경색, 심부전 환자들이 대부분이다. 간호사들은 의사의 지시에 따라 시술과 약물치료로 환자를 케어한다. 간호사로서의 일상은 일반적이지 않다. 3교대로 일을 하기 때문에 남들과 똑같은 일상을 보낼 수 없다. 3교대 근무는 'day, evening, night'로 나뉘는데 'day'는 오전 7시부터 오후 3시 30분까지, 'evening'은 오후 3시부터 오후 10시 30분까지, 'night'는 오후 10시부터 다음 날 오전 7시 30분까지를 의미한다. 이런 식으로 근무하다 보면 생활리듬이 깨져 체력적으로 한계가 와서 피로감을 느낀다고 한다.

그녀는 약 10년 가까이 간호사의 삶을 살아오면서 두 번의 변화를 겪었다고 한다. 첫 번째는 학사 취득과 관련된 사항이었다. 간호학사는 요즘에나 4년제로 바뀐 것이지 그녀가 진학할 당시 전문대 간호학과는 3년제였다. 최종 학력으로 인한 근무 조건, 연봉의 차이는 연차가 쌓여갈수록 더 크게 느껴졌다. 결국 3교대 근무와 학업을 병행해 4년제 학사를 취득했다. 두 번째 변화는 심장내과에서 호스피스 병동으로 옮긴 일이다. 근무 중이던 병원에 호스피스 병동이 생긴다는 말에 호기심을 가졌는데, 이 호기심은 실제로 공지가 났을 때 근무 지원을 하는 실천으로 이어졌다. 60시간의 교육을 이수하고 호스피스 전문 간호사가 되었다.

호스피스 전문 간호사는 죽음을 앞둔 환자가 편안하게 생을 마감할 수 있도록 돕는 일을 한다. 호스피스 병동에서는 무리한 약물치료를 하지 않는다. 환자에게 인간의 삶과 죽음에 대해 자연스럽게 인지시키고 정신적, 육체적 고통이 완화될 수 있도록 돕는다. 환자의 심신 안정과 마지막을 대비하기 위해 병동에는 의료진과 환자만 있는 것이 아니라 가족들도 늘 함께할 수 있도록 운영되고 있다. 죽음을 준비하는 곳이라는 무거운 말들이 호스피스 병동을 기피하게 한다. 그러나 부정적인 인식과 달리 그녀의 만족감은 높다. 일반 병동에 있을 때는 검사, 입퇴원, 치료케어 등의 업무는 물론 담당으로 돌보아야 하는 환자가 많았다. 때문에 환자 개개인을 세심히 보살펴주거나 깊은 대화를 나눌 시간 같은 게 없었던 것이다.

하지만 호스피스 병동은 다르다. 환자 수가 적고 주 업무가 환자와 소통하는 것이다 보니 환자와 마주하는 시간이 길어지고 손이 닿아야 할 모든 곳에 신경을 써줄 수 있다. 물론 일반 병동에서 환자를 소홀하게 한다는 것은 아니지만 바쁜 시간 속에서 사무적인 업무 처리가 우선순위일 때가 있었다. 호스피스 병동에 오게 됨으로써 환자들의 눈곱 하나라도 떼줄 수 있고, 손이라도 한 번 더 잡아줄 수 있는 간호생활에 만족감이 높다. 환자들과의 교류뿐만 아니라 함께 근무하는 동료들과도 훨씬 끈끈해졌다. 바쁜 일반 병동에서는 내 일이 우선이었다면 지금은 여유롭게 서로를 의지하며 돕고 있다. 병원에 출근하는 그녀의 발걸음은 늘 가볍다.

그녀의 기억 속에 오래 남아 있는 환자와 가족이 있다. 호스피스 병동에 장기간 입원했던 할머니와 그 가족들인데, 머지않아 죽음을 맞이할 거라는 의료진의 예상과 달리 할머니는 가족들과 충분한 시간을 보내고 생을 마감했다. 돌아가시던 순간 본 할머니의 얼굴을 잊을 수 없다. 고인의 얼굴 위에는 편안함이 깃들어 있었다. 할머니를 보내는 가족들도 오로지 슬픔에 빠져 있기보단 담담함에 가까운 모습이었다. 장례를 치르고 난 뒤 병동에 찾아온 가족들의 표정은 생각보다 밝아 보이기까지 했다. 호스피스 병동이 아니었다면 엄마와 충분한 시간을 보내면서 마음을 정리할 수 없었을 거라며 감사 인사를 전해왔다. 마음의 준비를 하면서 직접 몸도 닦아드리고 간병할 수 있어서 행복했다고. 이처럼 호스피스 병동에서 가장 중요한 것은 가족들의 정서적 지지다. 다가오는 죽음을 두려워하지 않고 받아들이며 환자의 마지막을 충분히 지켜봐주는 사랑이 큰 치료 방법 중 하나이자 이별의 방법이다. 서로 시간을 가지고 앞으로 이어질 생에 대한 계획을 준비할 수도 있어 만족도가 높다.

호스피스 병동에 오게 되면서 죽음에 대한 인식도 바뀌었다. 그동안 사람을 살리는 일에만 치중하여 죽음이라는 단어에 거부감 같은 것이 있었다면 이제는 죽음을 맞이하는 것과 사랑하는 사람을 떠나보내는 것에 대해서도 다시 한 번 생각하게 되었다. 호스피스는 죽기 직전 오는 곳이 아니라 존엄한 죽음을 준비하러 오는 곳이다. 보통 한국 사회에서는 시한부 선고를 받고 나면 치료 가능성이 희박한데도 항암치료나 인공호흡기로 마지막까지 연명하려는 경우가 많다. 그래서 대부분 임종이 다가올 때까지 가족들과 충분한 대화 한 번 하지 못하고 죽음을 맞이하는 경우가 많다. 앞서 이야기한 할머니와 그 가족들의 상황을 역으로 생각해봐도 무의미한 연명치료가 환자나 가족 모두에게 좋은 선택은 아니라는 것을 알 수 있다. 존엄한 죽음을 맞이하기 위해서는 환자 스스로 대화가 가능할 때 가족들과 삶을 되돌아보고 추억하며 작별 인사를 나눌 수 있는 시간적 여유가 뒷받침되어야 한다. 떠나는 자도 남아 있는 자에게도 지나친 상실감이 없다.

죽음은 예고 없이 찾아온다. 그때 과연 자신은 '존엄한 죽음'을 맞이할 수 있을지 되뇌어본다. 호스피스 병동에 온 뒤로 그녀는 하루하루를 마치 인생의 마지막 날처럼 소중하게 쓰고 있다고 힘주어 말했다.

간호사의 필수요건은 봉사심보단 책임감

간호사는 생활 패턴이 일정하지 않고 업무강도가 강하기 때문에 이직률이 높은 직업 중 하나다. 병원의 규모에 관계 없이 어디를 가든 힘든 일임을 명심해야 한다. 간호사의 기본은 환자를 돌보는 것이기 때문에 봉사한다는 마음가짐을 갖추어야 한다. 그녀는 이보다 더 중요한 것이 바로 책임감이라고 말한다. 일례로 퇴사할 때만 해도 병원과 충분한 절차와 협의를 따르지 않고 즉흥적으로 일을 그만둘 경우 한정된 인력으로 이미 환자의 담당을 정해둔 병원에서는 환자를 케어하는 데 과부하가 생겨 자칫 큰 사고가 생길 수 있다. 책임감을 저버릴 때 가장 큰 피해를 보는 것은 바로 환자들이다.

일에서 재미를 찾는 건 욕심, 내 삶에 시선을 돌리자

아무리 보람과 책임감으로 하는 일이라 해도 일이 항상 기꺼울

순 없다. 그녀 역시도 일에 지치는 순간들이 있었다. 동료들과 이야기라도 하면서 고민을 털어놓으면 순간적으로는 후련했지만 결국 다시 부정적인 생각에 물들어 스스로 지쳐갔다. 결국 같은 시간을 겪어봤을 선배들이나 교수님들을 찾아가게 되었다.

"더 이상 일이 재미가 없어요."

이 말에 모두가 한결같이 일에서 재미를 찾지 말고 다른 곳에서 찾으라는 말을 했다. 조언을 구하고 돌아온 그녀가 가장 먼저 한 일은 자신의 취미가 무엇인지 찾아보는 것이었다. 사회초년생부터 일을 배우고 익히느라 개인 시간은 상상해본 적도 없었다. 잊고 있던 취미활동을 떠올려 요가와 웨이트 트레이닝을 시작해보았다. 퇴근 후 남는 시간 동안 땀을 흘리며 보내니 정서적 안정은 물론 습관적인 밤샘으로 바닥난 체력도 회복되는 것 같았다. 그동안 다른 사람의 삶을 살리는 직업적인 사명감은 가득했지만 정작 본인의 삶에는 무신경했다는 것이 체감되었다고 한다. 자신을 돌보지 못하는 사람이 어떻게 다른 사람을 돌볼 수 있을까. 간호사의 꿈을 이루었을 때, 이 일을 오래도록 하고 싶다면 꼭 자신을 위해 일주일에 한 번, 한 시간이라도 건강한 자신을 만들 수 있는 시간을 가질 것을 권한다.

나만의 HOOK!

높은 임금, 정년이 보장되어 있다고 해도 내가 버티지 못하면
다른 사람의 이야기가 되어버리죠. 남을 케어하기 위해서 나
스스로를 케어하는 능력도 갖추면 어떨까요? 나의 건강이 지
켜져야 남의 건강을 챙길 수 있어요. 작은 스트레스도 감당
하지 못한다면 포기부터 생각하게 될 테니까요.

Oriental doctor

김형민

🎤 한의사라는 직업이 일반적으로 제가 알던 것과 달리 얼마나
많은 일을 할 수 있는지 새로운 시선을 안겨주셨는데요. 궁금
한 게 너무 많아요. 원래부터 한의사를 꿈꿔오셨나요?

👤 아니요. 고1 때 무얼 하고 살아야 하나 고민하며 책을 많이 봤
어요. 특히 사람의 수명 연장과 관련된 과학 서적을 좋아했는
데, 현대과학이 아직 밝혀내지 못한 영역을 제가 찾아내고 싶
다고 생각했어요.

🎤 과학에 대한 관심이 사람을 살리는 의사가 되고 싶게 만든 거
군요.

👤 네. 그러다가 고3 때부터 한의학에 관심을 갖게 되었어요. 나

중엔 경희대 한의학과와 서울대 전기공학과에 둘 다 합격해 버렸어요. 처음엔 아버지 뜻을 존중해서 서울대에 입학하고 오리엔테이션까지 참석했지만 아무리 생각해도 내 길이 아닌 것 같아서 부모님께 전화했어요.

Q 순간적인 판단이 아니었다면 지금의 선생님은 안 계셨겠네요?

A 어떻게 보면 그렇죠. 그때 경희대 입학 등록까지 딱 3시간밖에 남지 않은 거예요. 부모님 한 분은 서울대 입학 취소를 위해 달려 가시고 또 한 분은 경희대 입학 등록을 위해 다급하게 달려 가셨어요. 지금 생각해도 아찔해요.

Q 그때의 선택에 후회는 없어요?

A 네. 아무리 제 미래를 위한 거라 해도 제 삶인데 아버지의 꿈을 투영해서 살아가자니 앞날이 캄캄하게 느껴졌어요. 이후로도 수많은 선택지가 있었지만 그날만큼 중차대한 인생의 선택을 한 적이 없었고 그 선택에 대해 한 번도 후회한 적은 없어요.

몇 해 전 의학 프로그램을 제작한 적이 있다. 한 분야에서 실력으로 인정받고 이름은 알렸지만 2% 부족함 때문에 주춤하는 자들을 메이크오버하는 프로그램이었다. 예뻐지기 위한 메이크오버가 아니었다. 치료 과정을 동반하는 것이기에 다른 프로그램들과 차별성에서도 자신감이 있었다. 출연진 섭외를 위해 기획안만 들고 수많은 병원 문을 두드리던 중 만나게 된 사람이 바로 김형민 한의사이다.

이 프로그램을 만들어야 하는 이유에 대해 온몸으로 열변을 토하는 내게 함께하자고 손을 내밀어주었다. 프로그램을 하면서 단순히 전후 과정과 결과를 위해 하는 치료가 아니라 주인공의 삶에도 귀 기울여주는 세심함에 여러 번 감동했다. 그를 5년 가까이 지켜봐오면서 느낀 것은 내가 아는 의사 중 몇 안 되는 인간적인 사람이라는 것이다. 또한 그는 늘 여유로워 보이는 미소를 띠고 있지만 도전 과제 앞에서는 매우 강단 있고 진취적인 사람이었다. 부드러움과 강인함이 공존하는 그의 삶이 늘 궁금했다.

스스로 선택한 학의학과 생활은 생각보다 여유롭지 못했다고 한다. 한의학의 기본이 되는 원서들은 모두 한자로 되어 있어서 공부를 몇 배로 해야 했다. 학업에 치인 끝에 공중보건의로 충남 서산에 내려갔다. 먼 지방을 향하며 그동안 바쁘게 살아온 시간을 보상받을 겸 쉬엄쉬엄하자는 마음도 솔직히 조금 있었다. 그러던 어느 날 한 할머니가 보건소를 찾아왔는데, 그 나이 드신 분이 병원에 오기 위해 한 시간을 걸려 왔다는 것이다. 주변을 돌아보니 단 몇 분의 침을 맞기 위해 몇 시간씩 걸려 어렵게 보건소를 찾는 어르신들이 대부분이라는 걸 알게 되었다. 먼 거리를 왔는데 대기 환자가 많아 돌아가는 경우도 있었을지 모른다 생각하면 아찔한 마음이 들었다. 휴식이라 자처하며 안일했던 자신이 후회스러웠다. 그때부터 점심시간도 반납하고 하루에 70~80명 정도의 환자를 최선을 다해 치료했다. 그 진심이 전해졌는지 공중보건의로 근무하는 마지막 날, 그에게 마지막 진료를 받기 위해 동네 어르신 120명이 찾아오는 진풍경이 벌어지기도 했다.

이후 그는 강남에 자신의 병원을 오픈했다. 시골에서 경험한 한의원의 환경과 강남은 많이 달랐다. 치료만 잘해서 될 것이 아니라 홍보마케팅도 중요했다. 그래도 수완이 좋았는지 직원 4명으로 시작한 병원은 곧 30명이 되고, 지금은 직원 60여 명의 한방병원이 되었다. 누군가에게는 빠른 성장이지만 어느 것 하나 쉬운 게 없었다. 그럼에도 해낼 수 있었던 비결은 단 한 가지였다고 말한다. 바로 사람이다. 좋은 사람들을 만날 때마다 병원은 커갈 수 있었고 지금도 그 사람들과 함께하고 있어 더 큰 꿈을 꾸고 있다고 한다.

보통 한의원에 가면 어깨가 아플 땐 어깨에 침을 맞고 부항을 뜨고 돌아간다. 하지만 그의 치료법은 다르다. 도구를 이용해 체형을 교정하고 치료하는데, 이렇게 치료법이 변화하게 된 계기가 있다. 처음 의사로서 환자를 받던 시절, 침을 맞고 효과가 없다는 환자를 보면 죄책감이 들었다. 스스로 사기꾼은 되지 말자는 생각으로 치료 성공율에 집착했다. 환자가 오면 진료 시간이나 치료 기간을 충분히 확보하고 나을 때까지 심혈을 기울였다. 정확한 혈 자리, 침을 놓는 각도, 환자의 호흡부터 침을 놓는 자신의 호흡까지 신경 썼다. 완벽하게 치료가 통한 날, 허리가 아파 계단도 잘 못 오를 정도였던 환자가 몸이 가벼워졌다며 3층 계단을 뛰어다니고 기뻐하던 모습이 아직도 잊혀지지 않는다.

계속 공부를 하면서 체질, 체형에 대해서도 공부하게 되었고 침 치료만으로는 한계가 있음을 절실히 깨달았다. 병이 깊은 환자들일수록 체형 변화가 심했는데, 이것을 바로잡아야 완치했다고 볼 수 있었다. 하지만 침 하나로는 과거의 완벽한 몸으로 돌려놓기가 어려웠다. 동양의학은 척추를 따라 오장육부가 그대로 배속되어 있다. 내장 기능이 약해지면 연결된 뼈도 약해지다 보니 체형에도 계속 변형이 오면서 고질병을 낳는 것이다.

이 부분을 고심하며 어느 날 서양의학을 살펴보니 둘 사이에 공통점이 존재함을 알게 됐다. 서양의학에서도 척추를 따라 신경과 내장이 배열된 것으로 보는 것이다. 보통 한의학은 눈에 보이지 않는 맥과 기를 이해시키려고 해 어려움이 따르지만 척추를 기준으로 치료하면서 동양의학과 서양의학의 치료법이 상호보완되고 있었다. 그래서 그는 몸의 구조를 바로잡고 속의 기능을 고친다는 개념으로 치료하고 있다. 이에 그치지 않고 앞으로 100년을 이끌어갈 통합 의학으로 세우고자 하는 게 그의 최종 목표다.

다음 세대에 통합 의학이 지속적으로 발전할 수 있는 발판을 마련하기 위해 그는 다양한 직업을 가지며 살아가고 있다. 의료기기를 만드는 발명가가 되기도 하고 발명한 의료기기를 판매하는 사업가가 되기도 한다. 또 편리함을 추구하는 현대인들에게 탕약은 적합하지 않으니 한의학도 시대에 맞게 변화해야 한다는 생각에 최고의 제형을 찾기 위해 한의약 제약회사도 구상하고 있다. 학회의 활동도 끊임없이 하고 있는데, 후배들과 직접적으로 소통할 기회를 만들기 위해 학문적인 부분은 학회를 통해 목소리를 내려고 한다. 자신의 이번 생은 통합의학 발전의 기반을 만들어놓는 단계라고 생각하며 조급해하지 않고 천천히 그 단계를 밟아간다고 생각하고 있다.

사람을 고치는 마음이 1순위

안정적인 삶, 돈에 이끌려 전문직인 의사를 선택한다면 의사가 된 후 방황하는 일이 많다. 모든 의료의 본질은 사람을 고치는 것이다. 아픈 사람을 고쳐주고 싶다는 마음이 1순위가 아니라면 이 직업과 맞지 않다. 돈은 어떤 분야에 가도 열심히 해서 두각을 나타내면 따라온다. 때문에 의사가 되고 싶다면 사람을 고치고 싶다는 기본적인 마음가짐부터 갖춰야 한다.

나에게 집중하는 시간

그는 매일 아침 명상을 한다고 한다. 침묵 속에서 홀로 보내는 5~10분의 시간은 그에게 가장 소중한 시간이다. 일을 하다 보면 바쁜 업무에 치여 내가 왜 이 일을 시작했는지 원인과 목적을 잃어버릴 때가 많다. 명상을 통해 자신이 하는 일을 스스로에게 확인한다. 이 과정을 겪으면서 목표를 잃지 않다 보니 어떤 일을 하든지 결과에 대한 후회도 없다. 벌어진 상황에 남 탓을 하기보다는 이 상황을 만들어온 자신에 대해 집중하는 시간이 올바른 방향성을 잡아준다.

나만의 HOOK!

그는 어릴 적부터 하고 싶은 것이 있으면 무조건 저지르고 보는 추진력이 지금의 자신을 만들었다고 믿어요. 시작으로 끝내지 않고 될 때까지 버틴다고 합니다. '버티는 힘'은 의사를 꿈꾸지 않더라도 어떤 삶에서든 자신을 큰 사람으로 만들어가는 좋은 자세가 될 거예요.

HAND MODEL

고소영, 이나영, 이영애, 전지현…
핸드모델계의 톱스타

윤선영

🎤 선영 씨의 전성기는 현재진행형인 것 같아요. 지금도 다양하게 활동하고 있잖아요.

👤 부끄럽지만 인정할게요. (웃음) 이제 웬만한 스타들의 광고 속 손 연기는 거의 다 해본 것 같아요.

🎤 손모델이 된 지 얼마나 되었죠?

👤 벌써 10년차예요.

🎤 원래부터 손모델이란 분야를 알고 시작한 건가요?

👤 아뇨, 저는 원래 금속디자인과였고 아버지 사업이 어려워지

면서 제 꿈을 접고 아버지 회사에 들어가 일을 도왔죠. 공허한 마음을 채우려고 취미로 네일아트를 시작했어요.

🎙 원래 손으로 무언가 하는 걸 좋아하시나 봐요.

🧑 만들거나 그리거나 손으로 하는 일은 다 좋아했고 잘 해내는 편이었어요.

🎙 취미로 네일아트를 시작한 게 손모델이 된 계기예요?

🧑 네일아트를 배우면서 제 손에 연습을 많이 했죠. 결과물을 묵히기가 아쉬워 블로그에 올리기 시작했어요. 그러다 모델에이전시 캐스팅디렉터가 사진 속 제 손을 보고 연락해왔어요. 미팅을 해보자고 하더라고요.

🎙 그렇게 첫 광고를 시작하게 된 거군요. 손모델이라는 게 본인도 처음엔 생소했겠어요.

🧑 그런 게 있는지도 잘 몰랐죠. 그날 첫 광고가 두부 광고였는데 고소영 씨의 손을 대신하는 거였어요. 그날의 설렘을 잊을 수

없어요. 정말 내성적인 성격이라 여러 사람들 앞에 서는 데 큰 용기가 필요했거든요.

🎤 카메라 앞에서 당당해 보이기만 했는데 믿겨지지 않아요.

👤 저도 그게 신기해요. 이 직업을 하면서 연기도 해야 하고 수많은 사람 앞에서 늘 평가받다 보니 인생이 연습 자체가 되었나 봐요.

🎤 이제 내성적인 자신에 대해 고민하지 않으셔도 될 것 같아요. 제가 아는 선영 씨는 굉장히 진취적이고 당당한 사람이에요. 그게 손끝에서도 느껴져요!

몇 해 전 자신의 꿈을 찾아 새로운 직업으로 살아가는 사람들의 모습을 담아내는 프로그램을 진행했었다. 그때 한 회차의 주인공을 맡아준 것이 바로 손모델 윤선영이었다. 깨끗한 피부톤에 차분한 말씨를 가졌지만 자신의 직업을 대하는 순간에는 강단도 느껴졌다. 그녀는 굉장히 매력적인 사람이었다. 한 가지 인상 깊었던 것은 미팅하는 내내 연신 파우치에서 핸드크림을 꺼내 바르던 모습이다. 손모델에게는 가장 중요한 손관리가 이미 습관이 되어 있었다.

"손모델은 어떤 직업이에요?"

"TV 광고 속 제품, 음식 등 자칫 밋밋해 보일 수 있는 영상 속에서 손연기로 제품을 돋보이게 하는 숨은 연기자예요."

그 말을 들을 때까지만 해도 손에 그런 힘이 존재할까 하는 의구심이 들었다. 그리고 그녀의 촬영 현장을 지켜보았다. 배우 현빈이 앉아 있으면 뷰티 제품을 쥔 손이 그를 유혹하는 듯한 느낌을 주는 컷이었다. 광고 속에서는 몇 초에 불과한 장면을 장시간 찍었다. 신기한 것은 배우 얼굴 옆에 제품이 놓여 있을 때와 달리 그녀의 손이 탐닉하듯 움직이자 아찔한 분위기가 느껴지는 것이다. 손모델은 마네킹처럼 등장하는 것이 아니었다. 먹음직한 음식을 먹을지 말지 고민하는 손, 빠르게 무언가를 낚아채는 손, 폭신한 이불을 부드럽게 쓸어내리는 손 등 섬세한 연기를 요했다.

본래 이 직업을 알고 준비했던 것이 아니기 때문에 직업을 이해하고 자리를 잡기까지 많은 시간을 연기에 투자했다고 한다. 보통의 연기자가 감정을 연기할 때 표정, 말투, 목소리, 분위기 등을 연구한다면 그녀는 손으로 표현하기 위해 주변 사람들을 수도 없이 관찰한다. 누군가는 상대방의 눈을 보며 감정을 공유한다지만 그녀는 사람을 볼 때 손의 움직임에 집중한다. 그렇게 10년을 살아오고 나니 손모델이 인생의 전부가 되었다. 그 진정성이 전달된 걸까. 대한민국 최고의 기업이자 글로벌 기업인 삼성에서는 신제품이 나오면 미팅도 거치지 않고 바로 그녀를 손모델로 쓴다고 한다. 신제품이 나올 때마다 주저 없이 선택받는 그 순간이 그녀가 손모델로 살아가는 가장 큰 힘이다. 또한 수많은 브랜드와 작업을 하다 보니 일반 모델들도 꿈꾸기 힘든 일이 현실이 되기도 했다. 뉴욕 타임스퀘어, 두바이, 유럽 등 세계 도심지의 광고판에 그녀의 손이 등장한 적도 여러 번 있다. 누군가는 어느 회사의 광고구나 하고 지나칠 수도 있고 작품에 따라 자신이 등장하는 시간은 길게는 15초, 짧게는 3초에 불과하지만 제품의 가치를 최대치로 끌어올려주는 역할을 어느 정도 하고 있다고 믿으며 매 순간 스스로의 가치를 찾으려고 노력한다. 이러한 마음가짐은 더 일에 몰두하고 집중할 수 있게 했다.

촬영장의 삶이 늘 화려한 것은 아니다. 손이 재산이기 때문에 손 관리를 지나칠 정도로 해야 했다. 운전할 때, 씻을 때, 사람이 많은 곳에 갈 때는 항상 장갑을 착용한다. 자외선에 손이 그을려도 안 되기 때문에 최근 10년간 휴양지로 여행을 떠나는 건 꿈도 꿔본 적이 없다. 체중이 불어나면 손도 달라지기 때문에 항상 저체중을 유지하는 것도 보이지 않는 노력이다. 심지어 손도 피부이기 때문에 노화를 무시할 수 없다. 때문에 다가올 40대에 대한 두려움이 존재했던 적도 있었다고 한다. 강박적으로 관리에 집중한 적도 있었지만 아무리 애써도 시간의 힘을 거스를 수 없다는 것을 이제는 알고 있다. 지금 그녀는 노화를 이겨내기 위한 노력은 하되 훗날 자신의 나이에 맞는 손으로 할 수 있는 다양한 손연기를 꿈꾸고 있다.

어떤 모델이든 관리는 필수

손모델이라는 직업 자체가 신기하고 연예인을 만날 수 있는 기회에 매력을 느껴 도전하는 젊은 친구들이 종종 있다. 하지만 단순한 호기심으로 자신의 직업을 결정하지 말 것을 당부한다. 패션모델은 디자이너의 의상이 돋보일 수 있는 최고의 피지컬을 유지해야 한다. 때문에 몸매관리는 그들의 숙명이다. 손모델 또한 마찬가지다. 다른 사람의 손이 되어 연기해야 하기 때문에 늘 완벽한 손이 준비되어 있어야 한다. 그녀는 손모델의 좋은 조건을 덧붙여 설명했다.

"긴 손가락에 마디가 굵지 않고 일정하며 주름이 없는 것이 좋아요. 또 섬섬옥수처럼 하얗고 고운 손이라면 완벽하죠."

하지만 타고난 손을 갖추고 있어도 손의 피부는 얇고 재생력이 떨어지기 때문에 쉽게 노화된다. 건조하고 거친 손은 모델이 될 수 없다. 일상에서 항상 관리를 습관화해야 한다.

호기심이 만드는 다양한 직업

인테리어, 푸드스타일링, 뷰티, 패션, 영상, 사진, 아트 등 모두 손모델로 활동하면서 경험한 분야이다. 하나의 촬영장에서도 이 모든 것을 경험할 수 있다. 10년간 한 번도 같은 콘셉트, 세트장이었던 적이 없다. 항상 새로운 일을 하는 마음가짐으로 일을 대하면 오래 일할 수 있다. 같은 분야만 고집하게 되면 분명 한계가 올 것이다. 다양한 장르에 대해 거부감 없이 호기심을 갖는 것이 좋다. 또한 모든 영상, 사진 등 광고 속에서 손이 어떻게 등장하는지에 대해 다시 한 번 관찰해보는 것도 좋다.

나만의 HOOK!

연예인과 함께하는 것, 유명 브랜드의 모델이 되는 것, 스스로에 대한 자신감만 생각하며 일을 시작한다면 실망도 클 거예요. 일반 TV 광고 스태프는 50명에 달해요. 50명의 스태프들과의 대인관계도 빼놓을 수 없어요. 나를 선택하고 이끌어주는 사람들과의 관계성에 대해서도 세심하게 살피고 좋은 인간관계를 형성하는 자세가 이 일을 오래할 수 있게 만들거예요!

ILLUSTRATOR

서른넷, 용기 있는
퇴사를 선택한 일러스트레이터

김지수

🎤 작가님! 우연히 인스타그램을 통해 그림을 보게 되었는데 그림이 너무 좋아서 한참 빠져서 보다 보니 팬이 되었어요.

🧑 고마워요. 팬이라고 말해준 사람은 처음인데 기념으로 한 장 그려드릴게요. 어떤 그림이 갖고 싶으세요?

🎤 어머, 영광입니다! (이때다 싶어 소원 풀기) 반려견 토리가 생긴 후로 집안 분위기가 더 돈독해졌는데 우리 가족이 모두 담겨 있는 그림을 갖고 싶어요!

🧑 그럼 반려견 토리와 가족들의 얼굴이 나온 사진들 보내주세요! 사진은 다 각자여도 함께 있는 그림으로 선물할게요.

𝒬 와! 그림의 힘이 대단하네요. 함께 찍은 게 아니어도 상상대로 다 실현할 수 있다니! 그나저나 그림체가 너무 좋은데 원래부터 그림 그리는 일을 하셨었어요?

𝑅 아뇨. 지난해만 해도 유니섹스 브랜드의 디자이너로 일했어요.

𝒬 직업을 바꾸신 거예요?

𝑅 서른네 살, 늦었다면 늦은 나이지만 용기내서 퇴사했죠. 근데 후회는 없어요. 좋아하는 일이 직업이 되니까 너무 행복해요.

𝒬 그 용기에 박수를 보내고 싶어요. 그러고 보니 '좋아서 그린 스케치북'이라는 책도 출판하셨더라고요. 너무 멋져요!

𝑅 일러스트 작가를 직업으로 삼은 후 첫 작업이었어요. 책이 나오니까 해보고 싶은 것들이 더 많이 떠오르면서 앞으로의 제 행보도 점점 자리를 잡고 있어요.

우리의 인연은 참 신기했다. SNS에서 친구의 피드에 본인 사진을 일러스트 그림으로 선물 받았다는 게시물이 올라온 걸 보게 되었는데 깨끗한 그림의 분위기가 시선을 끌었다. 해시태그된 그림 주인의 계정에 들어가 실컷 그림을 구경했다. 그러곤 용기 내어 그림이 너무 예쁘다고 메시지를 남겼다. 몇 분 지나지 않아 그녀에게 답장이 오면서 우리는 많은 대화를 이어갔다. 본래 일러스트 작가가 본업이 아니고 취미였다는 이야기를 듣고 그녀의 삶이 더 궁금해 만남을 요청했다.

그녀는 학창 시절 사생대회에 나갈 때마다 상을 휩쓸었다. 그림과 관련해 입시를 준비하면서 자유로운 그림보다는 입시 미술에 치중해 그림을 그렸다. 대학에 진학할 땐 꿈보다 학교의 타이틀이 먼저였다. 점수에 맞춰 서울에 있는 4년제 의상디자인학과에 진학했다. 전공을 살린 구체적인 직업을 꿈꾸기보다는 좋은 학교까진 일단 왔으니 안정적인 삶을 사는 것이 더 정답이라고 여겼던 것 같다. 크게 인생을 뒤바꿀 도전도 하지 않고 평범한 나날을 보냈다. 그리고 시간이 흘러 사회생활을 시작했다. 패션 컨설팅 회사에서는 1년 정도 버티다 퇴사했고, 패션디자이너의 길로 접어들었다.

첫 디자이너 경험은 해외 브랜드 R&D 디자이너였다. 벤더 R&D 디자이너는 일반 브랜드의 디자이너와는 전혀 다르다. 원단 개발, 샘플 디벨롭 등 바이어를 타겟으로 한다. 바이어를 위한 디자인보다 내수 브랜드에 직접 들어가 디자인을 해보고 싶어진 그녀는 곧바로 국내 유니섹스 브랜드 T사에 입사한다. 과거엔 바이어들을 위한 옷을 만들어 샘플 수십 장 정도만 찍어내고 실제 시장에 판매되는 제품은 많지 않았는데, 이제

대상이 소비자로 바뀌면서 자신이 디자인한 옷이 곧바로 시장에 나와 판매되고 고객들의 피드백도 즉각적으로 볼 수 있게 되었다. 여기에 매력을 느끼면서 그렇게 자신의 적성을 온전히 찾은 듯했다.

하지만 한 아이의 엄마가 되어 잠시 일을 쉬며 평범한 주부로 지내게 된 몇 달, 그 시간이 그녀의 인생을 바꿨다 해도 과언이 아니다. 아이를 어린이집에 보내고 난 뒤 생기는 여유 시간, 평소 일에 허덕이며 보내왔던 시간을 대신해 문화센터 강좌 같은 것을 신청해 뭐든 배우기 시작했다. 꽃꽂이, 캘리그라피, 운동 등 평소 관심 가졌던 모든 분야를 경험했다. 그러던 중 원데이 클래스에서 그림을 접하게 되었다. 그림을 그리는 동안 아무 생각도 들지 않고 행복이 맴돌았다. 유년시절 자신의 꿈이었던 그림의 세계를 그동안 너무 멀리해왔다는 생각이 깊게 남았다. 그날 이후 혼자서 그림을 그려보았다. 오랜 시간이 지났는데도 정형적인 입시 그림체가 여전히 남아 있다고 느껴져 당장 동네 미술학원에 등록해 그림을 다시 배우기 시작했다.

그림을 다시 배우는 동안 많이 그리고 많이 보았다. SNS를 통해 유명 일러스트 작가를 팔로잉하고 직접 강좌를 찾아가 듣기도 했다. 한번은 여행을 그림으로 남기는 작가의 강의를 수강하다가 용기를 내어 어떻게 작가가 되었는지 질문했다. 그때 그의 한마디가 자신을 움직이게 했다고 한다.

"좋아하는 것들을 남기다 보니까 여기까지 왔어요."

좋아하는 일을 꾸준히 하지 못한 34살의 자신이 부끄러웠다. 지금부터라도 자신이 좋아하는 일에 용기를 가져보자 다짐했다. 직업을 바꿀 패기는 있었지만 이미 패션디자이너로 이미지가 굳혀진 자신의 변화를 지인들이 아는 것은 두려웠다. 그래서 SNS에 익명의 계정을 개설하고 그동안 그려온 그림을 업로드했다. 업로드하는 그림이 늘어날수록 팔로워도 늘고 좋아요와 따뜻한 댓글들이 용기에 기름칠을 해줬다. 일기 쓰듯이 꾸준히 그린 그림을 모아 책도 냈다. 좋아서 시작한 일이 책까지 완성되어 나왔을 때, 비로소 이것이 나의 직업임을 확실히 느꼈다. 책이 완성된 후 서점에 오픈하던 순간을 잊을 수 없다. 끝이 아닌 시작이었다. 하루하루 해야 할 일, 하고 싶은 일이 가득했다. 그리고 그녀는 다시 회사로 돌아가지 않았다. 많은 부분을 포기했다는 생각도 잠시였다. 그동안 아이가 네 살이 될 때까지 평일에는 단 한 번도 나란히 앉아 저녁을 먹을 수 없었다. 항상 쌓여 있는 업무가 먼저인 워킹맘이었기 때문이다. 하지만 이제는 '저녁이 있는 삶'을 수행하면서 가족 모두에게도 안정이 찾아왔다.

직업을 바꾸고 초반에는 애꿎은 과거의 자신을 질책하는 시간이 많았다. 20대 초반에, 아니 조금이라도 더 젊었을 때 좋아하는 일을 직업으로 만들 용기가 있었다면 얼마나 좋았을까 하는 아쉬움 때문이다. 누군가는 34살에 새로운 직업을 시작하는 것이 늦었다고 말할 수 있다. 하지만 지금이라도 시작해서 다가올 40살을 기대해보는 것도 얼마나 멋진 일인가.

할머니가 되어도 내 일이 있는 삶

일러스트 작가들은 프리랜서로 활동한다. 큰 사무실도 필요로 하지 않는다. 그렇다고 업무가 제한적일까? 전혀 아니다. 일러스트의 활동 영역은 끝도 없다. 옷, 생활용품, 화장품, 공간, 책 등 일러스트가 결합될 수 있는 영역은 다양하다. 내 그림의 색깔만 명확히 가지고 있다면 어떤 브랜드와도 콜라보레이션이 가능하다.

2018년 국내 최대 갤러리인 한가람미술관에서는 스페인 일러스트 작가 에바 알머슨의 전시회가 있었다. 에바 알머슨은 행복, 가족, 꿈 등 평범한 일상의 행복을 자신만의 스타일로 표현하며 전 세계적으로 큰 사랑을 받는 작가다. 그녀의 활동 영역은 전시로만 끝나지 않는다. 국내 유명 화장품 브랜드와 공동 작업으로 한정판 패키징 제품을 출시한 적도 있다. 사회생활을 하는 여성 대부분이 40대 중반부터 은퇴를 준비한다고 한다. 하지만 에바 알머슨은 1969년생이다. 그녀는 과거보다 현재 더 활발히 활동을 하고 있다. 그림은 그릴수록 자신만의 색깔이 뚜렷해지는 활동이다. 나이와 상관없이 계속해서 작업을 할 수 있다면 은퇴할 이유가 없다.

나를 포장해주는 사람은 곧 자신

나를 모르는 사람이 나를 판단하는 기준은 내가 나를 어떻게 포장하고 표현하느냐에 따라 완성된다. SNS를 통해 작품을 진행할 때, 이러한 것을 고려해볼 수 있다. 첫째, 어떤 그림을 그리고 싶은가. 둘째, 어떤 것을 표현하고 있는가. 셋째, 누가 나의 그림을 봐주었으면 하는가. 이처럼 자기 자신에 대한 뚜렷한 목표와 확신을 갖고 시작해야 타인도 내가 보여주고자 하는 나를 이해할 수 있다.

내가 좋아서 하는 일이지만 나만을 위한 일을 한다면 직업이 될 순 없다. 그림이라는 활동에서 자신을 표현하는 것도 중요하지만 누군가 그림을 봐주지 않으면 활동을 이어가기 어려움이 있을 수 있다. 다른 사람과 소통하고 이어질 수 있는 매개체를 끊임없이 찾고 도전해야 한다.

나만의 HOOK!

좋아하는 일을 하고 싶은데 나이가 너무 어려서, 너무 많아서 도전하기에 주춤하고 있나요? 좋아는 하는데, 잘하는 게 맞는지 모르겠다면 타인에게 자신의 능력을 보여주는 용기를 가져보세요. 다양한 SNS 플랫폼을 이용해 결과물을 업로드하고 피드백을 받아보세요. 남에게 보여주고 그 반응을 체크해 수정하는 자세까지 갖춰졌다면 준비는 끝났어요.

　직업을 찾지 못하고 방황하는 이들에게 힌트가 될 만한 책을 쓰고 싶었다. 그리고 꿈을 좇는 누군가에게는 큰 위로가 되길 바랐다. 인터뷰를 시작할 때, 서른한 명의 직업인들 모두 자신처럼 평범한 삶이 과연 책으로 쓰여져도 괜찮은지, 도움이 될지 모르겠다며 의구심을 가졌다. 하지만 인터뷰를 해보면 누구 하나 의미 없는 삶은 없었고 단 하루의 시간도 허투루 쓰는 사람이 없었다. 역사에 길이 남느냐 마느냐 하는 문제가 아니라 삶을 살아가는 방식에 있어 누구보다 치열했음은 분명했다. 그들의 이야기를 담아내면서 부러움보다 반성이 남았다.

　'나는 치열하게 살고 있나', '나는 내가 좋아하는 일을 하고 있나', '나는 잘 살고 있나' 스스로를 돌아보게 만들었다. 좋아하는 일을 통해 자신의 삶을 이끌고 직업을 완성한 이야기들을 되새길 때마다 내 삶에 대한 용기도 얻었다. 타인의 이야기지만 나의 일상을 흔들어놓았고 사람의 힘을 다시 한 번 되새기게 되었다.

　내 인생의 동반자는 지금까지 '할 수 없다', '하지 마'라는 말을 한 적이 없다. 항상 '할 수 있다', '너를 믿는다'고 말해준다. 그 말은 나도 모르는 사이 자존감을 높이는 씨앗이 되었고 어떤 일을 시작할 때 용기로 피어난다. 이를 확인할 때마다 나 역시 상대에게 선한 에너지로 스며들기 위해 노력하게 된다. 지금 이 순간에도 알게 모르게 나에게 영향을 주어 나를 구성하는 주변인이 있을 것이고 반대로 나로 인해 영향을 받아 움직이는 주변인도 있을 것이다. 이 책에 품지 못한 어떤 삶이든 장점은 존재한다고 말하고 싶다. 주변인들을 관심 있게 보기 시작하라. 어떤 직업인이든 자세히 들여다보면 특유의 장점이 보이고, 그를 읽어내는 순간 당신은 열정을 충전하게 될 것이다.

　결과적으로 나는 이 책을 완성하는 모든 과정을 통해 치유받았다. 딱딱한 설명으로 직업을 정의하며 이것이 삶의 정답이라 강요하고 싶진 않았다. 같은 일을 하더라도 각자의 인생 라운드에 따라 성공의 기준은 다르기 때문이다.

마지막으로 서른한 명의 삶을 압축하면 이러하다.

인생은 생을 마감하기 전까지 끝이란 없다. 누가 봐도 망했다고 생각했던 사람들이 바닥을 치고 다시 점프해 존재감을 드러내는 모습을 본 적이 있지 않은가. 성공에 매뉴얼과 정답은 없다. 어떤 직업을 선택하든지, 어떤 환경과 위치에 놓여 있든지 간에 성공의 분위기는 스스로 이끌고 가야 한다.